映画館を再生します。

小倉昭和館、火災から復活までの477日

小倉昭和館・館主
樋口智巳

文藝春秋

illustration by mima

映画館を再生します。

小倉昭和館、火災から復活までの477日

目次

第1章 昭和館がなくなった。 5

第2章 暗闇の力を信じたい。 37

第3章 わたしたちの居場所。 85

2022年8月10日、昭和館は炎に包まれた

第1章

昭和館がなくなった。

うちはもうダメ

去年の夏も、暑かった……。

小倉駅から歩いて十分。魚町《うおまち》商店街を抜けて大通りの信号を、旦過《たんが》市場のほうに渡ったところの路地に、古い建物はありました。

夜にはネオンが輝いていました。うちの裏手にある旦過市場では、四月に大きな火事があったばかりでした。

あの日。

二〇二二年、八月十日、水曜日。レディース・デイで、展示コーナーにたくさんのお花を飾っていました。うちで上映していた『映画　太陽の子』には、若くして亡くなった三浦春馬さんが出演されています。熱心なファンの方々が、いつものように、たくさんの花を贈ってくれていたのです。

最後のお客さまの背中を見送って、スタッフと翌日の予定を打ち合わせます。「暑いから売れるよね」と、冷蔵庫にはアイスクリームをパンパンに詰め込んでいました。

お掃除のおばちゃんに残ってもらって、わたしは昭和館を出ます。真っ直ぐに自宅のマンションにもどって、夕食の仕度をしました。お魚を焼いて、味噌汁をつくります。お風呂に入って、洗濯機を回しました。

家族三人が、食卓に集まったのは夜九時よりも前で、

「きょうは早いね」

と、みんなで話していました。

ちょっとだけ、お酒も飲んでいます。それぞれがパジャマを着て、ほろ酔い加減になったところ、電話が鳴りました。

自宅の固定電話でした。こんな時間に誰だろう……と、受話器をとりました。

弟の声でした。

「魚町四丁目のほうが、燃えてる」

「えっ」

そんなはずがない……。息子と目を合わせました。夫の視線を感じます。弟の声が、わたしの耳に響きます。

「すぐ、降りてきて」

「わかった」

「マンションの下に、迎えに行くから」

夢中でした。酔いは一瞬にして、さめています。

ごはんを食べかけのまま、急いで着がえます。化粧もせず、「火を消したよね」と、そこだけ確認して、家を飛び出しました。

家族三人、自宅のマンションの前から、弟のクルマに乗り込んだのですが……。

旦過市場は、北九州の台所。四月の火災の傷も癒えないうちに、二度も続けて起こるなんて、信じられない。

昭和館は大通りから、路地をちょっと入ったところにあります。すでに消防車もきていたので、クルマは近寄れません。

あらためて、携帯電話を確認しました。警備会社からの連絡はないので、あのときに火は入っていなかったのでしょう。

大通りの反対側の歩道から、昭和館が、影のように揺らいでいました。

建物のすぐ後ろの旦過市場からは、炎が出ています。煙も見えました。強烈な匂いも漂っていました。

うちが火元だったら、わたしは生きていけない……。

樋口家は代々、この地域の消防団でした。昭和館の創業者でもある祖父は、消防団長をつとめていました。団員だった叔父は、大昔の旦過市場の火事で目をやられています。

うちの映画館には防火水槽がありました。消火栓もありました。消防団の刺し子の法《はっ》被《ぴ》や、ヘルメットもありました。

消防訓練も、毎年していました。

四月の火事は「漏電が原因かもしれない」と言われたので、電気系統を再検査してもらっています。きちんと全部調べて、大丈夫とのお墨付きをもらいました。

あんなに気をつけても、火を防げなかった。あれ以上、どうすればよかったのか。

息子の直樹は、防火管理者でした。「自分が残っていたら、大事なものを持ち出せたのに」と悔やんでいます。わたしが残っていたら……。どんなに燃えていたとしても、火を消そうとしていました。

お客さまがいなかったのは幸いですが、わたしは館主として、昭和館と運命をともにしたかった。

やがて市場の火がひろがり、歴史ある建物が、炎に包まれます。

消防車が放水をはじめたので、機械はダメだと覚悟しました。三十五ミリの映写機も、ずいぶんと高価だったＤＣＰ（デジタルシネマパッケージ）上映機器も、お預かりしていたフィルムも、すべて燃えます。

たくさんの映画人のサイン色紙も、高倉健さんからいただいた手紙も、三浦春馬さんのファンがくださったお花も、特製のアイスクリームやポップコーンやマドレーヌも、灰になります。

映画館の悲鳴が聴こえました。

八十八歳の父に、わたしは電話をかけています。

「燃えてる。うちはダメ……。もう、もう、焼け落ちた……」

父は、冷静でした。

「焼けたものは、仕方ないじゃないか」

立ち会わなければならない。目をそらしてはいけない。それだけでした。

このときの映像が、テレビに何度も流れています。不思議なもので、あれが追体験のようになって、いまはどこか他人事《ひとごと》のように思えるのでした。

父は二代目館主として、映画界の栄枯盛衰に立ち会っています。

あとで知ったのですが、わたしたちが「こなくていい」と言ったのに、父はひとり、燃え落ちる昭和館にむかっていました。

この現実を、自分の目で確かめるために……。

まあ、しょうがないやろ

何もかも、燃えました。

映画館の最期をみとることができたのは、不幸中の幸いです。

四月の火事のとき、わたしは県外にいました。真夜中に新聞記者から「旦過市場が燃えている」という連絡を受けて、すぐにクルマで帰っています。

あのとき、昭和館は無事でした。裏の窓ガラスが割れているだけで、市場のほうも鎮火していました。

八月の火事では、断末魔の悲鳴を聞いています。わたしに見届けさせようと思ったのかもしれません。

宮大工さんがつくった神棚も燃えました。

うちの創業当初からあるもので、「あれが一番、価値があったかな」と、いまさらながら父は悔やんでいます。わたしも毎朝、手を合わせて拝んでいました。

光石研さんが寄贈してくれた特設シートは、コロナの緊急事態宣言が最初に発令された二〇二〇年につくったばかりでした。黒田征太郎さんが壁に描いてくれていた「へのへのえいが」のイラストも、すべて瓦礫《がれき》になりました。

記憶にないのですが、あとでテレビを見ていたら、こんなことを話しています。

「うちは残してもらったからね、前の火事で……。やるべきことがあると思っていたのに、いろんなことを予定していたのに……」

あの日の夜。

焼け落ちる建物から離れて、ふらふらと歩いていました。

すでに消防本部ができていました。

消防や警察の人たちに、名刺を渡します。顔なじみの方々もいました。四月の火事のときには、昭和館のロビーを開放して、コーヒーやお菓子を提供していたので、みんなと親しくなっていたのです。

火を出してしまった小料理屋の女将《おかみ》は、着物姿で立ち尽くしていました。「ダメやったんやね」と両手で頭を抱えて座り込んでいたのは、顔なじみの珈琲店のマスターでした。

炎にちらちらと照らされながら、みんな途方に暮れています。

北九州の台所として大正時代から栄えている旦過市場は、二度の火災で壊滅的な被害を受けたのです。

昭和館も燃えたので、今度はみんなを助けられない。

いまでも許せないことがあります。

火がおさまっていないのに、警備会社の制服を着た人が、ニヤニヤと笑いながら、携帯電話で話していたのです。野次馬でも腹が立つのに、警備会社は当事者なのに、うちも契約していたのに……。

記憶は混乱しているのですが、わたしは「もうダメやね」と話して、夫と息子と三人で、現場から引き上げたのだと思います。

実家に寄ったら、父はまだ起きていました。

「こんな目にあうとはなあ。二度も火事になって、全部なくなるとはなあ……」

娘としては、言葉もありません。館主としての責任を感じて、くちびるを噛みしめるしかない。父は「まあ、しょうがないやろ」と、あきらめたような口ぶりです。すぐ家に帰ったのだろうと思います。

眠れませんでした。

どうしても眠れない。真夜中の三時ぐらいに、もう一度、ひとりで現場に行きました。大通りでタクシーを降ります。

そろそろ近くまで行けると思ったのですが、路地には入れません。旦過市場のほうは、まだ火がくすぶっていますが、映画館の火は消えているようでした。

「ああ、昭和館が、昭和館が……」

と、泣いてくださっている方もいました。

あの建物には、八十三年の歴史があります。私の祖父が、戦前の昭和十四（一九三九）年に芝居小屋兼映画館として創業しました。

女優の秋吉久美子さんが創業七十七周年のイベントで訪れたとき、「こんな素敵な映画館はない」とおっしゃってくれています。

もとが芝居小屋でもありますから、座席の傾斜が急で、どこの座席からも舞台の木目《もくめ》まで見えます。前のお客さんの背が高くても、後ろの人の邪魔にならない。間口も広くて、奥行きもちょうどいい。

いろんな見やすさがあるのだと、秋吉さんは語ってくれました。

「わたしがもし、文学好きの少女のまんま、めでたくお金持ちと結婚できたとしたら、昭和館のそばに家を建てて、毎日観にきますよ」

イベントの司会をつとめながら、わたしは「なんていう幸せ……」とつぶやいていました。

あの建物を失ったのは、痛恨《つうこん》の極みですが、焼け落ちる瞬間に立ち会うことができました。

瓦礫と化した昭和館から離れて、ウロウロしているうちに、空が明るんできました。家にもどって、その日は眠れたのでしょうか。

そんなことも思い出せなくなっています。

リリーさんが助けてくれた

翌日。

八月十一日は、すべての予定をキャンセルしました。

ニュースは、全国に流れました。あれほどの火事でしたが、亡くなった人はいなかったようです。怪我人も出ませんでした。

昭和館をずっと応援してくださっていた方々、仲代達矢さん、奈良岡朋子さん、栗原小巻さん、光石研さん、岩松了《りょう》さん、片桐はいりさん、吉本実憂《みゆ》さん……。映画監督の平山秀幸さん、タナダユキさん、片渕須直さん、江口カンさん、松居大悟さん……。作家の村田喜代子さん、田中慎弥さん、福澤徹三さん、町田そのこさん……。

もう数え切れない方々から、ご連絡をいただきました。

祝日なので、主人も家にいます。息子と三人で、旦過に行きました。

日中は、うだるような暑さでした。空は曇りがちで、あたりは蒸しています。雨が降らないのも、幸いでした。

瓦礫の残骸《ざんがい》が、積み上がっています。三十五ミリの映写機は、二台とも焼けてしまいました。たとえ瓦礫になったとしても、昭和館が存在した証《あかし》です。愛着がないはずがありません。

チケット売場のあたりが、かろうじて形状を留めていました。残骸からガシャガシャと引き下ろされているのは、「昭和館①②」のネオンの看板です。

ニュース映像を見ていたリリー・フランキーさんが、すぐに連絡をくれて、「あのネオンだけは、残したほうがいい」と助言してくれていたのです。

リリーさんは、北九州で生まれています。昭和館八十周年のお祝いには、こんなメッセージを寄せてくれました。

「**自分の両親や、祖父母、世代を越えた様々な人々が、ここで笑い、涙したことを想像するだけで、この場所が愛しくなる。これからも、ずっとあり続けてほしい場所**」

あのネオンを、瓦礫にしてはいけない。

わたしは走って、作業している人たちに訴えました。

「すみません！　あのネオンの看板が、うちの象徴なんです。あれだけは取っておいてほしいんです」

路地を照らしていたネオンは、見る影もありません。二度と光ることはないでしょう。それでも瓦礫と思えませんでした。

顔見知りの警察官の口添えで、初めて現場に入りました。

「昭和館」の三文字が赤、「①」が青で、「②」が緑。この「昭和館①②」の看板を、取り外してもらいました。

想像以上の大きさでした。

「チケット売場」の表札も取り外しました。これだけは家に持ち帰りました。

耐火金庫も出てきました。

「いまだったら、開けてあげられる」と重機の人が言ってくれたので、お願いしますと頼みました。

すごい音で、ショベルをガンガンと打ち付けます。耐火金庫のコンクリートと鉄の間から、保護している砂が大量に出てきました。それを何度か繰り返して、ようやく中身を取り出せました。

金庫にあったのは、お稲荷さんの預金通帳でした。映画館の隣りにあって、お預かりしていたのです。次の日には銀行に行って、通帳を新しくしてもらいました。

ほんのわずかですが、売店の売り上げ金や、アルバイト代も出てきました。昭和館のネオンは、瓦礫の片隅に置かせてもらいました。

高倉健さんの手紙

八月十二日。

「映画館を守ることが出来ず申し訳ございません」

と、ツイッターでメッセージを出しました。

それでも瓦礫の近くにいると、たくさんの方が声をかけてくださいます。あたたかい言葉に、胸が熱くなることもありました。

ふたつのスクリーンで、五本の映画を上映していました。父が八十九歳の誕生日を迎える八月二十日には、創業八十三周年記念のイベントを予定していました。

わたしの仕事は、よろこんでもらえる映画を選ぶこと。居心地のいい場所を提供すること。まちの人たちに足を運んでもらえるように、たくさんのイベントを仕掛けていました。

もう、何もできない。

映画館主として、翼をもがれています。瓦礫を前にして、立ち尽くすしかない……。

わたしは映画館の娘です。幼稚園の頃から、毎日のように、暗闇からスクリーンを見つめていました。大スタアの石原裕次郎や加山雄三に会いたくて、映写室にも通っていました。

十数年前、二代目の父から昭和館を引き継いだとき、経営はまさしく火の車でした。しばらく赤字が続いているのを、他部門による利益補塡《ほてん》でなんとか補っていたのですが、もう潮時《しおどき》かなと感じました。

何もないところから初代が起業して、二代目が暖簾《のれん》を守ってきた映画館を、素人の三代目が潰してしまった……。そんな役目を引き受けようと、小倉に帰ってきたのです。

二〇〇九年、昭和館の七十周年記念に、松本清張さんの生誕百周年のイベントを開催しました。

このとき、有馬稲子さんのアテンド役をつとめました。

有馬さんは、言わずと知れた大女優で、清張原作の『ゼロの焦点』や『波の塔』に出演されています。最初は怖くもあったのですが、わたしは舞台『はなれ瞽女《ごぜ》おりん』の大ファンで、芝居の話から打ちとけたのです。

大盛況のイベントのあと、気さくに電話をくださいました。行き届いたアテンドに感謝するとおっしゃいます。

「昭和館は、あなたががんばらなきゃだめよ」

このはげましで、家業にもどりたいと思ったのですが……。

映画館があった路地に、ひとりで立っています。

ここに人生を捧げてきました。

たくさんの思い出が、瓦礫の山にこめられています。

わたしが小倉にもどって、最初に仕掛けたのが、高倉健さんの特集上映でした。

健さんは、福岡県中間《なかま》市の出身です。最後の出演作になった『あなたへ』のロケが、北九州の門司港であると聞いたので、昭和館でも同時期に、健さんの特集を組みました。

エキストラの一般公募に申し込んで、映画『あなたへ』に出演させてもらいました。

門司港のベンチで話している健さんと佐藤浩市さんの目の前を、夫とふたりで意気揚々と歩いたのです。

幸いなことにカットされず、ほんの一瞬だけ、映画に残っています。

この撮影後、高倉健さんにご挨拶したところ、

「自分の映画を上映していただき、ありがとうございます」

と、握手してくれたのです。

昭和館を知ってくださっていた……。

うれしくて、手紙を書きました。握手のお礼と、「昭和館を継続させるかどうか、迷っています」と、正直に打ち明けました。

思いがけず、お返事をいただきました。

健さんからの手紙は、速達で届きました。何か失礼があったのではないかと、おそるおそる封をあけたのですが……。

「熱い想いのこもったお手紙、拝読させていただきました」

と書いてあります。一文字ずつ、かみしめるように読みました。

「映画館閉鎖のニュースは、数年前から頻繁に耳にするようになりました。日々進歩する技術、そして人々の嗜好の変化、どんな業界でもスクラップ・アンド・ビルドは世の常。その活性が進歩を促《うなが》すのだと思います」

甘い言葉はありません。それでも健さんは、映画館経営を励ましてくれたのです。

「スクラップ」と「ビルド」は、切っても切れない関係にある。たとえ壊れたとしても、そこから生まれてくるものがある……。

この手紙を宝物にして、昭和館に飾っていました。

健さんの言葉には、続きがあります。

「夢を見ているだけではどうにもならない現実問題。どうぞ、日々生かされている感謝を忘れずに、自分に嘘のない充実した時間を過ごされて下さい。ご健闘を祈念しております」

感激しました。昭和館を守ろうと決意しました。

健さんの映画を、ずっと観てほしい。費用が高くて購入をためらっていたＤＣＰのデジタル上映機器を、二台購入しました。三十五ミリのアナログ映写機も、過去の名作を上映するために残しました。

二〇一四年に亡くなられたとき、日本でたった一館、うちだけが健さんの主演映画をかけることができたのです。『新幹線大爆破』のアナログのフィルムが、昭和館に届いていたので……。

瓦礫の山を探しました。あの手紙に、わたしは救われたのです。

どこかにあるはずだ。ほんの切れ端でもいい。どこかにあってほしいと祈りながら。

見つかりません。

ファンの方々に申し訳ない。健さんに申し訳ない。

三十五ミリの映写機が出てきました。巨大な鉄の残骸ですが、これがあったから、健さんの映画を上映できたのです。

瓦礫の近くに立っていると、小倉のまちの方々が声をかけてくださいます。涙ながらに、一緒に悲しんでくださいます。

休館か、閉館か。

心は揺れています。再建は無理だろうと思うのですが、閉館を決断することもできない。まちの人たちが昭和館を必要としてくれるのであれば、できることを考えたい。

それだけでした。

支えてくださる人たち

あの夏、八月二十日。

創業記念日は、感謝の思いを伝える日。八十三年の歴史に傷をつけるわけにはいきません。

たくさんの映画人から、励ましの言葉をいただきました。

八月十六日の新聞に、女優の奈良岡朋子さんと栗原小巻さんは、ありがたいエールを寄せてくださいました。奈良岡さんの言葉を紹介します。

「世界中の映画を愛する人たちの伴走者『昭和館』が傷ついています。小倉の文化財であるとともに、日本の映画人にとって故郷の場所です。この大切な小さな映画館を一緒に守っていきましょう。皆さまのお力をお貸しください」

わたしは映画館を守れませんでした。申し訳ない気持ちと、支えてくださる方々への感謝で、胸が張り裂けそうになっています。

お客さまに会いたい。

心配してくださる方々にお目にかかって、お礼を申し上げたい。

その日を待ち望んでいました。

昭和館はお客さまのものです。愛され育てられたからこそ、ここまで続けてこられたのです。

厳しい暑さの中、瓦礫の跡地には、毎日通いました。

報道の方々に見つかると、取材を受けなければなりません。何も決まっていないので、答えにつまります。

　まちの人たちも励ましてくださいます。声をかけていただくのはありがたいけれど、期待にこたえられない。もどかしくても、前に進まなければならない。

　映画を上映できなくても、商店街の方々は、同じように接してくれます。酒房「武蔵」さんも、蕎麦屋「しらいし」さんも、火事のときの映画のポスターを、そのまま店先に貼っています。老舗の履物屋「カクシン」の岡本勝さんは「樋口館長がんばってください」というメッセージとともに、最新の新聞記事も紹介してくれます。

　わたしが三代目館主になった十数年前から、小倉の商店街をまわって、映画のポスターを貼らせてもらっています。ありがたいことに、いまでも協力してくださる店は増えていました。

　家族も助けてくれています。

　生活のリズムが変わって、土曜や日曜の夕方にも、わたしは自宅にいるようになりました。ずっと家にいるので、きょうが何曜日なのかもわからなくなります。

　夫としては、調子が狂うようです。

「こんな時間にいたことなかったな」

と言われますが、今後のことは「自分で決めればいい」と、全面的に助けてくれます。六十五歳の定年が近づいているので、そのあとは妻の仕事を手伝ってもいい。年金暮らしでのんびりするのもいい。「きみの好きにすればいいよ」と、支えてもらっています。

昭和館を手伝っている直樹も、わたしの決断にしたがうと言ってくれました。直樹はうちの次男で、福岡市内で育ちました。関西の大学の福祉学科を出て、京都で介護の仕事についていました。

三年前、小倉にきてくれました。「母親が泣きながら電話をしてきた」と言っているのですが、わたしはおぼえていません。

三十五ミリの映写機をまわしたり、チラシをデザインしたり、さまざまなマネージメントを担当していました。まだ二十代なので、いろいろな可能性があります。映画館がなくなっても、介護の仕事にもどれます。

わたしがあと十歳若かったら、決断できるかもしれない。十歳若かったら、昭和館を再建できるかもしれない。

いや、難しいかもしれない……。

そんなことをぐるぐると考えながら、わたしにできることを探していました。

創業記念日に、半年間見放題の「シネマパスポート」の返金を決めました。八月三十一日から九月六日までの一週間。会場はご近所のデパート、小倉井筒屋さんのご厚意で、新館九階のパステルホールロビーを使わせていただくことになりました。困ったときはいつも、井筒屋の影山英雄社長をお訪ねします。今回も助けてくださいました。

昭和館のお客さまは、きっと会いにきてくださいます。使えなくなったパスポートを返金して、わたしの気持ちを伝えたい。

お目にかかったみなさまに、「御縁玉」を差し上げよう……。

毎年お正月、日本全国の銭洗い弁天で清めた五円玉を、お客さまにお配りしています。ここ数年はコロナでお客さまも減っていたので、数百枚の五円玉が手元に残っていました。

氏神様でお清めして、みなさまの福寿開運を祈念する五円玉に、緑色のリボンを通します。「感謝・御礼」のメッセージとともに、わたしの想いをこめました。

パソコンが苦手なので、直樹にデザインを頼みます。昭和館のパソコンも焼けてしまったので、それまでのデータは消えました。ひとつひとつ、作り直しです。

「明るい未来でありますように」

という言葉に、願いをこめています。どんな未来が待っているのでしょうか。お客さまとの御縁は、続くのでしょうか。

先のことは、わかりません。

自宅のダイニングテーブルで、数百枚の五円玉に緑色のリボンを通しているうちに、ウトウトと眠ってしまいました。

ふと気がついたとき、わたしはテーブルに突っ伏していました。緑色のリボンはすべて、五円玉に結ばれています。

夫に感謝しなければなりません。数百枚の「御縁玉」を見ているうちに、ちょっとだけ、気持ちが軽くなりました。

みんなの「場」がなくなった

八月三十一日から、九月六日まで。

井筒屋さんでシネマパスポートの返金をしていた一週間、井筒屋さんの会場から、片時も離れることはありませんでした。

同時期に、小倉昭和館の「シネクラブサポート会」が、署名活動をはじめてくれました。ありがたいことですが、わたしからお願いしたわけではありません。

シネクラブサポート会は、西南女学院大学の中島俊介教授が会長、藤野由香さんが副会長です。

中島先生は「大病になったとき、高倉健に救われた」という昭和館の大ファンです。藤野さんは十年来の友人で、わたしが悄然《しょうぜん》としているのを見て、「何かやらなきゃ」と思い立ってくれたのだとか。

シネマパスポートの返金と、シネクラブサポート会の署名で、いつも映画館で顔を合わせていた方々とふれあうことができました。しばらくぶりでお目にかかって、懐かしさとせつなさに胸を締めつけられました。

お客さまのなかには、返金をいらないとおっしゃって、近況を話すだけで帰る人もいました。シネマパスポートを持っていないのに、会場まで足を運んでくれて、署名してくださる方もいました。お手紙やお見舞いをくださる方もいました。

高額の寄付を申し出る方もいましたが、お断りしました。再建はできないだろうと思っていたからです。

昭和館がなくなって、わたしには「場」がなくなりました。

あるのがあたりまえだと思っていた「場」がなくなって、大事なことに気がついたのです。

瓦礫の山を四つんばいになって、健さんの手紙を探していたときにも、手は汚れました。軍手をつけても、汚れは防げない。もったいないのですが、ペットボトルの水で流しました。

一度目の火事では……。

昭和館がみんなの「場」になりました。警察や、消防や、記者の方々に、ロビーでくつろいでもらいました。

あのときは二週間、営業を休みました。うちは無事だったので、被災者の集会所になって、洗面所もトイレも使ってもらいました。劇場の座席で記事を書いている記者さんもいました。

今度の火事は、そういうわけにはいかない。

冷やした飲み物を三十本ぐらい調達して、発泡スチロールに氷を入れて、昭和館の焼跡に運びました。「熱中症にならないでね」と声をかけたのですが、陽射しを防ぐこともできない。

わたしにとっても、「場」がなくなるのはつらい。

行く場所があれば、人と話します。「おひさしぶりですね」とか「お痩《や》せになりました？」とか、話しているうちに、その人の気分や体調もわかるのです。

お客さまも、わたしのことをわかってくださいます。

井筒屋さんで、なじみのお客さまから電話がありました。

「遅くなってごめんね」

とおっしゃるのですが、その男性の名前を知りません。

わたしの頭の中に、顔が浮かんでいます。

彼は、ひとり暮らしでした。どんな上映でも、かならずきてくれました。「サンドイッチ、きょうはあるかな？」とおっしゃって、コーヒーもアイスも買ってくださいました。

一週間でもお顔を見かけないと、わたしも「心配しましたよ」と申し上げて……。

　このときの電話は、シネクラブサポート会の署名に間に合わないことを、あやまってくださったのでした。お気持ちがうれしくて、「ありがとうございました」と、電話の向こうに頭をさげます。

　男性の声も、さびしそうです。

「どうしようかと思っているよ。毎日行くとこがなくて……」

　こうやって、電話をくださるのはうれしい。

　一方では突然、姿を見せなくなってしまう方もいます。「なんかあったんやろうね」と、わたしたちは心配するのですが……。

　井筒屋さんにいるとき、若い女性から電話がありました。

「父の遺品を整理していたら、昭和館の電話番号とシネマパスポートが出てきました」

　とおっしゃられたのです。

　調べてみたところ、その女性のおとうさまは、今回のパスポートを買われていませんでした。おそらく新しいパスポートを買おうと思って、うちの電話番号をメモされていたのでしょう。

　こんなにも必要とされて、昭和館は幸せでした。

みなさまのやさしさに接しているので、「閉館します」とは言えません。さりとて再建することもできない。

宙ぶらりんな「休館」を続けていました。

いつまで耐えられるのでしょうか。

火事になった直後、俳優の仲代達矢さんが、こんな言葉をくださっています。

「昭和館は不滅です。劇場がなくなっても、樋口さんのいるところが昭和館だから」

わたしがいるところが昭和館……というのは、どういうことなのだろう。ずっと考えていました。

答えは見つかりません。

仲代さんは毎年のように、お芝居で小倉に訪れて、昭和館にも足を運んでくださっています。

八十周年のとき、こんな言葉をいただきました。

「普通の映画館には無い何かが、やはり、ここにはあるからです。それは、損得だけに集約されない経営者の心の有り様とでも言うんでしょうか。日本映画の古き良き伝統を今に伝え、良質の映画に拘《こだわ》り続けるその崇高な姿勢が、幅広い共感を呼んでいるからに

他なりません」

ありがたい言葉ですが、滅相《めっそう》もないという思いもあります。

恐縮するばかりでした。「崇高な姿勢」といわれても、わたしはそんなに素晴らしい人間ではないのです。

祖父と父から受け継いだ映画館を、どうにかして延命させたい。その一念も、くじけそうになっています。

それでも、あれほどの名優が「昭和館は不滅」とおっしゃるのですから……。

仲代さんの言葉こそ、わたしの心の奥にあるものを、突き動かしたのかもしれません。

「へのへのえいが」（黒田征太郎・画）

第2章

暗闇の力を信じたい。

たったひとつの希望

井筒屋さんでシネマパスポートの返金を終えて、昭和館のスタッフは解散しました。シネマパスポートはコロナ以降、経営を支えてくれました。これでひとまず、役目を終えます。

スタッフとのお別れに、みんなで集まりました。昔のスタッフもきてくれて、ビールや焼酎を飲みながら、たくさん話しました。

うちのような単館系映画館にも、歴史があります。それなりの人数が働いていました。映写技師の椎葉《しいば》新《あらた》さん、女性社員がひとり、パートがふたり、お掃除のおばちゃん、バイト学生が三人……。

父親が社長で、わたしが館主、息子がマネージャー。この三人は残ります。

十数年前、わたしが小倉に帰ってきたのは、父が大病したからでした。母も弱っていたので、病院に泊まり込んで看病しました。

父は幸いにも快復したのですが、このときに、昭和館の経営状況を知ったのです。

破綻《はたん》寸前でした。売り上げを見れば、一目瞭然。年間一千万以上の赤字です。一日の売り上げが、一万円に届かないこともありました。二つのスクリーンで、お客さまが十人に満たなかったのです。

映画館の娘なので、強い思い入れがありました。自分が責任をもって、昭和館を閉めることを覚悟しました。

父から館主を引き継いだとき、五人の女性社員がいました。

心苦しいのですが、運営方針の変更を受け入れられず、辞めてしまった社員もいます。生きのびるために、変わるしかなかったのです。

この十数年、さまざまな試みにチャレンジしています。転機になったのは、田中慎弥さんのイベントでした。

わたしは「劇場が沸く瞬間」を目撃したのです。

田中さんは、昭和館の八十周年にむけて、こんなメッセージを書いてくれています。

「八十周年という年月を実感するのは難しいが、暗闇の中で映画に浸る数時間であれば私にも分かる。分かりすぎるほどだ。働きもせず、勉強もせず、将来がどうなるか全く見えていなかった頃、私は、何度も小倉昭和館の暗闇に救われた。ささやかな、確かな

救済だった。その時、暗闇こそが私にとっての明かりだった。野蛮で優雅な明かりだった。これからも、人知れず悶々とする誰かの明かりであり続けてくれるように、と切に願う」

暗闇に救われたという田中さんは、下関に住んでいました。関門海峡を越えれば、小倉まで電車で二十分もかかりません。

最初に観たのは岩井俊二監督の『ラブレター』で、小説家になる前の一九九五年だったそうです。そのころは人気のアニメ映画以外、ほとんど閑散としていました。

田中さんは二〇一二年、『共喰い《ともぐ》』で芥川賞を受賞します。

受賞会見は、こちらでも話題になりました。「都知事閣下と都民各位のために、もらっといてやる」と、芥川賞選考委員である石原慎太郎都知事にケンカを売るような物言いが、興味をもたれたのでしょう。

『共喰い』は小説も傑作ですが、すぐに映画化されました。

監督の青山真治さんも、主人公の父親役を演じていた光石研さんも、北九州で生まれています。

舞台は下関で、撮影は北九州。旦過市場もロケ地になりました。

昭和館での上映初日、田中さんはトークショーにきてくれました。うちに通っていたことは、昔から気がついていたのですが、お声がけを控えていました。映画化のタイミングで、「いましかない」と打診したのです。

イベントは、満員札止め。父は「床が抜けるんじゃないか」と驚いていました。その後のトークでも、田中さんの魅力はダイレクトに伝わったと思います。言葉は少ないのですが、真面目な顔をしてスッという一言が、おもしろい。

劇場はひとつになりました。ちいさな笑いも大きくひろがって、熱い塊のようなものに包まれました。

わたしが求めていたのは、これだったのです。

満員になると、経営はうれしい。舞台にいる方にも手ごたえがあります。お客さまもよろこばれる……。

三者三様の幸せがあるのです。劇場もよろこんでいると感じます。

こういう特別な瞬間を、何度でも体感したくて、たくさんのイベントを仕掛けました。上映する映画を真剣に選んで、居心地のいい空間をつくるための努力を積み重ねました。

劇場は生き物です。

娯楽のない時代に、祖父の樋口勇は「まちの人びとのよろこぶ顔を見たい」という一途な想いで、昭和館を創業しました。

映画がはじまるとき、わたしはアナウンスをします。照明が暗くなってきたら、「お楽しみください」と話をまとめます。

冒頭の映像を確認して、初日は音も聴きます。聴こえやすいだろうか。音は割れてないか……。

息子と音響を確認して、いいんじゃないかということになったら、上映中は外に出ています。

わたしの生活は、映画の時間で動いていました。

およそ二時間で、映画は終わります。満足してもらえたのだろうかと思いながら、昭和館に帰って、お客さまの表情を見てから、頭をさげます。幕間には売り子として、コーヒーやお菓子やアイスクリームを売りました。

まちを歩いているときにも、みなさまと目が合います。名前は知らなくても、おたがいにわかっています。

自分とは異なる人生で、泣いたり、笑ったり、一度も訪れたことのない場所で、驚いたり、楽しんだり……。

映画館は儲かる商売ではありません。

でも、幸せでした。

昭和館という「場」を失って、ずっと暗闇にいます。光は見えない。仲代さんの言葉が、たったひとつの希望でした。

「樋口さんのいるところが、昭和館だから……」

時が過ぎていくうちに見えてきました。「場」がなければ、つくればいい。自分たちのイベントを仕掛けよう。

やりたいことは、たくさんあります。火事がなければ、昭和館でやろうとしていたことも、残していました。

光石さんのやさしさ

あの日から、ひと月が過ぎた頃。

焼跡は更地《さらち》になりました。瓦礫はなくなりました。手元に残ったのは「チケット売場」の表札だけ。

「昭和館①②」の巨大なネオン看板は、九月十六日に移動させてもらいました。「あのネオンだけは、残したほうがいい」と助言してくれたリリー・フランキーさんが、安心な場所を探してくれたのです。

Jリーグクラブのギラヴァンツ北九州が、旦過市場の復興支援として移動を手伝ってくれました。巨大な看板は重たい。屈強な大人六人で持ち上げて、ようやくトラックに積めました。

三十五ミリ映写機の残骸を記念に残してほしいという声もありましたが、保存場所が見つかりません。長年働いてくれた映写機も、瓦礫として廃棄するしかなかったのです。

「光石研シート」も、ありません。

北九州生まれの光石さんに、初めてお目にかかったのは、十数年前のこと。わたしは館主になったばかりで、舞台挨拶にきてくださいました。

ランチを兼ねた打ち合わせで、ずっと映画の話をしました。

「作品が何だったかは覚えていないのに、小倉昭和館主の樋口智巳さんの映画愛、俳優愛、昭和館愛は強烈に覚えています」

と、光石さんはエッセイに書いています。

二〇二〇年のコロナ危機では、「映画の街・北九州」を盛り上げるために、ショートムービーがつくられました。

昭和館が舞台です。企画は北九州フィルム・コミッション（ＫＦＣ）。制作はテレビ西日本。昭和館の館主役を、光石さんが演じます。

客席やロビーはもちろん、二階のバックヤードや映写室でも撮影しています。旦過市場でも、ロケをしました。撮影の合間には「がんばりよ」とか、「応援しよるよ」とか、まちの人たちが声をかけてくれます。

その年、光石さんが北九州市民文化賞を受賞されます。賞金三十万円を寄付してくれたので、光石研シートをつくらせてもらいました。

コロナ対策を兼ねて、当時一号館にあった二百七十席のうち五十四席を撤去して、二人一組で座れるソファ六席を設置しました、ポップコーンやお弁当を置ける机もあります。ペア優先で、追加料金は不要。夫婦やカップルでゆっくりと楽しめます。

一号館の座席数を減らしたのは、ソーシャルディスタンスの試みでもありました。コロナ禍で苦しいとき、何かをやらなければならないとチャレンジしたのです。シネマパスポートとともに話題になって、お客さまにもよろこんでもらいました。

火災後、光石さんは「目の前が真っ暗になり、言葉も出ませんでした」とエッセイに書いてくれました。わたしは「とにかく前を見る」と誓っていたそうですが……。

新聞やテレビでは、昭和館を取り上げています。

地元の西日本新聞では、連日のように記事になっていました。全国紙の朝日新聞でも、九月十五日の夕刊で一面になりました。

「旦過市場　映画愛ここに」

「北九州の老舗映画館が再出発」

「映画人にとって故郷　一緒に守ろう」

こんな見出しがならんでいます。

報道を見ていると、横隔膜がせりあがってくるような感覚になります。火事のことを取り上げてくださるのはうれしいのに、昭和館が燃えている映像を見るのはつらい。

矛盾していますよね。

みんなに愛された映画館だからこそ、普通に営業していたときの姿を記憶にとどめてほしい。瓦礫になった姿はせつないのに、瓦礫でもいいから残したかったという思いもあります。

瓦礫になっても、わたしにとっては、昭和館なのです。この世界に存在した証です。存在自体が消えるのは耐えられない。それも運命と思わなければならないのでしょうか。いずれにせよ、厳しい現実が待っています。

北九州で一番不幸な女

わたしは暗闇にいるのかもしれない……。

映画館の娘なので、暗闇の力を信じています。たくさんの映画から人生を学びました。館主となってからは、映画を見るのが仕事になっています。

昭和館という「場」がなくなるまで、シネコンにもよく通っていました。楽しみであるのと同時に、必要でもありました。サンプルをもらえない映画を、うちでかけるかどうか。実際に見なければ、判断できないのです。

いまは何を見ても虚しくなります。素晴らしい映画と出会っても、わたしには「場」がない。

暗闇が怖くなりました。

よその映画館に入れない。感情が爆発してしまいそうです。なんとか冷静を保っているのに、暗闇にひとりでいると、抑えてきたものが噴き出しそうになるのです。

新作はどんどん公開されています。昔の映画も観たい。ＤＶＤやサブスクでは見られない作品も、たくさんあるのですが……。

演劇なら大丈夫かもしれないと思って、なじみの劇場で、お芝居を観に行きました。

わたしは演劇も大好きです。

遠い昔ですが、地元の女子高を出てから、短大の二年間は東京で暮らしました。アルバイトをしながら、芝居にも通っています。

森繁久彌の『屋根の上のヴァイオリン弾き』を帝国劇場で観たり、細川俊之と木の実ナナの『ショーガール』をパルコ劇場で観たり、唐十郎の紅《あか》テントや、自由劇場、渋谷ジァン・ジァン……。

あのころの思い出は、わたしの宝物です。

悲しいときこそ、劇場の暗闇で、自分の感覚を取り戻したい。

ところが……。

いつもと同じように、劇場の座席にいるのですが、自分の見えているものが、よくわからない。

おもしろいはずが、感覚がおかしくなっている。

ストーリーが頭に入らない。

座っているだけなのに、つらい。

あんまり眠れていないので、頭が重たくなっています。用事があるわけでもないのに、最後までいることができず……。

退席しました。

公演している方々に、申し訳なかった。暗闇に耐えられないのが、信じられなかった。

劇場というのは、人目もはばからずに泣ける場所です。

だからこそ、泣き崩れてしまうんじゃないか。泣いてしまったら、まわりにどう思われるのか。

感情が壊れてしまいそうでした。

あの火災から、泣き崩れたことはありません。不意に涙は出ても、なんとか自分を保っているつもりでした。

わたしの心は揺れています。北九州で一番不幸な女だと自嘲していました。

「樋口さんのいるところが昭和館だから……」

仲代達矢さんの言葉を信じて、歯をくいしばるしかない。

アイディアはあります。昭和館PRESENTSの第一弾は、小倉のリーガロイヤルさんが、場所を提供してくれました。まちで一番の高級ホテルです。

大河内《おおこうち》傳次郎《でんじろう》とチャップリンの無声映画を上映します。澤登《さわと》翠《みどり》さんの活動弁士五十年の特別公演で、昭和館の原点回帰にしたい。

そんな願いもこめました。

再建はできないと思っていましたが、完全に消えてしまったわけではありません。

最大の問題は、コストです。

昭和館は二〇一九年度に赤字を脱したのですが、二〇二〇年、コロナが直撃しました。四十日も休んだのは、戦争中にもなかったことです。観客を受け入れられるようになっても、ソーシャルディスタンスで座席の間隔をあけていました。

うちは女性のお客さまが多いので、清潔には心がけていたのですが、積極的な除菌に取り組んで、空気清浄機も新しくしました。

それでも客足は、コロナ前におよびません。イベントも自粛しました。

いまや日本中、いや世界中で、映画館がつぶれています。

わたしが一番好きな映画館は、東京の岩波ホールでした。日本のミニシアターの草分けで、短大の頃から通っていました。

おこがましいのですが、総支配人の高野悦子さんに憧れて、

「昭和館を、小倉の岩波ホールにしたい」

という夢を持っていたのです。

昭和館が燃えるよりも二週間はやく、七月二十九日、岩波ホールはなくなりました。

こんな時代に、映画館を建てるなんて、無謀だと思います。日本でひとり、いや、世界中でわたしだけかもしれない。

そもそも、昭和館の土地は、うちのものではありません。

家主である昭和土地建物さんとは、祖父の代からの長い付き合いがあります。今井久《ひさ》喜《よし》社長は祖父と同じ、大分県宇佐《うさ》の出身。いままで家賃を滞納したことはありませんが、うちの歴史をずっと見ているので、映画館の経営が厳しいことも知っています。

「焼けたものは、仕方ないじゃないか」とあきらめていた父が、今井社長に働きかけて

くれました。誰よりもはやく、昭和館の再建を望むようになっていたのです。

わたしとしても、こんな中途半端では前に進めない。再建できないのであれば、はっきりさせたいという気持ちもありました。

可能性としては、三つあります。

①　昭和土地建物が、建ててくれるのか。
②　土地だけ、貸してくれるのか。
③　どちらもダメなのか。

いずれにせよ、昭和館は日過市場から去るだろう……と、覚悟していました。

再建案が出てきた

その昔、映画は娯楽の王様でした。

昭和館が産声をあげたのは、一九三九年。アメリカとの戦争がはじまる直前です。

娯楽の少ない時代に、祖父の樋口勇が「まちの人たちのよろこぶ顔が見たい」と、芝居小屋兼映画館として創業したのです。宮大工のつくった神棚は、そのときからありました。

大分の宇佐に生まれた祖父は、材木商の丁稚《でっち》奉公からはじめて、苦労して働きました。朝鮮の釜山《プサン》にもいたそうです。長唄や三味線をたしなんで、琴やピアノも家にあるような趣味人でした。

創業当時には、ジャン・ギャバン主演の『望郷』や、火野葦平《あしへい》原作の『土と兵隊』が封切られていました。

子どもだった父の昭正は、横山隆一の『フクちゃん』が大好きでした。モノクロの短編アニメーションだったそうです。

芝居小屋としても、大河内傳次郎、片岡千恵蔵、市川右太衛門《うたえもん》、阪東妻三郎などの大スタアが舞台に立っていました。藤山一郎さんは、昭和館にいるときに、赤紙が届いたそうです。

劇場は、生き物でした。満ちあふれる熱気、歓声、喝采……。

お客さまの帰ったあと、ひとりでいると、万雷の拍手が聴こえてくるようでした。

歴史ある建物は、燃えました。この更地にたたずんでいると、『風と共に去りぬ』を思い出します。

ヴィヴィアン・リー演じるスカーレット・オハラは、南北戦争ですべてを失いました。飢えに苦しみながら、廃墟となった屋敷にもどって、庭の土に埋もれていた大根を口に入れます。あまりの不味《まず》さに吐き出して、地面に突っ伏して号泣して、それでも立ち上がるのです。

左手に土をつかんで、神に誓います。

もう二度と飢えない。なんとしても生きるのだ、と……。

スカーレットのように、わたしも強くなりたい。

シネクラブサポート会の署名活動を手伝って、息子と街頭に立っていたとき。

父から急に呼び出されました。

「こういう案がある。むこうの役員会で承認されるだろう」

昭和土地建物が、建物の外側をつくる。建物の内側は、こちらが負担する。いままでの百五十坪を百坪、二スクリーンを一スクリーンとする。座席は百五十……。

ぼんやりと見えてきました。再建してもらえるかもしれない。

わたしはうれしかったのだと思います。今井社長に、お礼の電話を差し上げました。

「いや、方針はそうなんだけど……」

声のようすは、歯切れが悪い。

昭和土地建物は、昭和館の他に、旦過市場の火災で焼けた土地を持っています。

自分の土地から火を出してしまったことの責任を、今井社長は痛感されていました。

新聞やテレビでは連日のように、昭和館のことを取り上げています。映画館経営の厳しさを承知しながら、やらざるをえないだろうか……と悩んでいたのでした。

正式には決まっていないのです。でも、可能性は出てきました。

今井社長から、ダイレクトに聞かれました。

「費用はどれくらいかかる？」

わかりません。

建物の内側をこちらが負担するとして、どこまでが内側で、どこからが外側か。線引きされていない。

映写機、座席、スクリーンは、こちらの負担になると思いますが、トイレはどうか。

空調はどうなのか。照明はどうなのか。

そもそも映画館は、ビルの一部になるのでしょうか。独立した建物になるのでしょうか。なんにも決まっていない。

今井社長は、具体的な金額をおっしゃいました。外側をつくるにしても、これ以上は出せない。

「再建して、すぐつぶれたら困る。採算はどうなんだ」

とも言われました。

わたしは細かい計算が得意ではありません。むしろ苦手です。なんとなくですが、借金ゼロからスタートすれば、なんとかなるかもしれない。借金を背負ったら、立ちゆかなくなる……。

そんな感触を、今井社長に伝えました。

建物の外側をつくってもらえるとして、トイレや空調は満足できるものになるのか。防音や遮光はどうなのか。

設計はどうしよう……。古い建物と同じものをつくることが、合理的であるとは思えません。防災も徹底したい。できるだけコストをかけず、お客さまにとって快適な空間をつくりたい。

なんとか映画館を再開させたとしても、経営が立ちゆかなくなれば、昭和土地建物にも大きな打撃を与えます。

お客さまに来館してもらえるのか。五年後や十年後に収支はどうなるのか。ランニングコストはどれくらいかかるのか。

事業計画書をつくらなければなりません。無謀にも、孤独な戦いに挑むことになりそうです。

いまの時代、映画館は儲かりません。全国の映画館の入場者は、一九五八年の十一億三千万人がピークです。あのころは北九州地区だけで、百館以上の映画館がありました。どこの地方都市でも同じだと思いますが、いまや残っているのは多くがシネコンで、うちのような単館系映画館は「映画の街・北九州」でも、他に見当たりません。

かつて昭和館には「日活館」「東宝富士館」「木町東映」と、三つの姉妹館がありました。一日一万人以上のお客さまが押し寄せたという記録もあります。金庫が満杯になって、鑑賞料を一斗缶に詰め込んで風呂場に保管したこともあったそうです。

夢のような話ですが……。

東京で、自由を感じる

あの日から、二か月が過ぎました。

まちを歩いても、風が冷んやりしています。いつの間にか、秋になっていました。一筋の光明が見えています。奇跡だと思っていた再建を、現実として考えています。

シネクラブサポート会も、たくさんの署名を集めてくれました。最終的には、一万七千百五十二筆。映画館のネットワークで賛同が広がり、四十七都道府県や海外からも寄せられたそうです。署名は北九州市に提出して、再建支援を求めることになりました。

このときの北九州市長は、北橋健治さん。映画が大好きで、空き時間を見つけては、昭和館に通ってくれていました。

「映画の街・北九州」にとって、昭和館はとても大事な存在だと、いつもおっしゃっています。

二〇二三年の十二月には、「北九州国際映画祭」が開催されることも決まっています。

リリーさんがアンバサダーで、わたしも実行委員に選ばれています。

ひさしぶりの東京……。

配給会社さんに、お詫びをしなければなりません。東映さん、ロングライドさん……貴重なフィルムやＤＣＰのデータを火事で失っています。

まずはディズニーさんとキノフィルムズさんを訪ねました。うちが火事に遭ったことを心配してくれて、「気にしないでください」と、映画料も請求されませんでした。

二〇二二年の創業記念日には、東宝東和配給の『ＳＩＮＧ／シング：ネクストステージ』を上映するつもりでした。『ＳＩＮＧ』シリーズはアニメですが、大人も楽しめるミュージカルです。劇場を再建する物語なので、いま見たら、泣いてしまうかもしれない。

渋谷の変貌にも驚きました。

虎ノ門から銀座線に乗って、渋谷駅を降りたところの景色が、まったくちがう。ハチ公はどっちなの……と思うのですが、ここの場所がわからない。学生時代は代官山に住んでいたのに。

なんとか用事をすませて、夜は下北沢に行きました。ここの地下ホームも、迷路みたいになっています。

見えているものは変わっても、知っている人がいないので、気持ちが解放されます。

下北沢の本多劇場で、岩松了さん作・演出の舞台に行きました。

楽しかった。

東京にいるからでしょうか。ここには自由があります。小倉の人はやさしいけれど、まわりの目を気にせずにいられない。

およそ二時間、途中休憩がなかったのも、わたしにはよかったのかもしれません。

岩松さんは長崎の九州男児です。昭和館の八十周年に、こんなメッセージを書いてくれました。

「小倉と言えば昭和館とその周辺。それくらい絞られてる私にとってのザ・小倉。古くからのものがある街は素晴らしい。映画を観始めた頃の、そして映画館に通いつめた日々の、記憶をよみがえらせてくれる昭和館！　時が流れるほどにその意味は増し、輝きを増すだろう！　でもホントは、そんなことに頓着しない地元民として昭和館の前の道で観たばかりの映画の感想を言い合っているオジサンでありたい。『八十周年、もう

そげんなるかね』とかタバコふかしたりして」

まちの映画館への愛が、あふれてくるのです。
舞台のあと、岩松さんに楽屋でお目にかかりました。
再建のことは、何も言えません。ようやく動き出したところで、難題は山積みです。
素晴らしい舞台のあと、岩松さんの笑顔がうれしい。わたしもがんばらなきゃ……。
ちょっとずつ、感情を取り戻していました。
岩松さんも言葉には出しませんが、昭和館の復活を望んでいます。期待にこたえたい。
再建はできるのでしょうか。
復活は奇跡だと思うけれど、奇跡の復活を目指したいという気持ちも高まっています。

理想の映画館って、なんだろう

いまの時代、若い人にはシネコンやサブスクが隆盛で、うちのような単館系の映画館には、さまざまな逆風が吹いています。
それでも、がんばるしかない。映画を愛する人が、助けてくれることもあります。

このころ、女優の片桐はいりさんが、ＮＨＫの「あさイチ」で、小倉昭和館のことに触れてくれました。

コロナの直前まで、福岡県では唯一、オールナイト上映を開催していました。年に一度のイベントで、秋吉久美子さんやリリー・フランキーさんも出演しています。

二〇一九年の十一月には、片桐さんが登場しました。

まったくの余談ですが、秋に開催するのは電気代を節約するためです。夏場は冷房、冬場は暖房が、馬鹿になりません。

片桐さんは「もぎり」用に、自前の服を着てらっしゃいます。劇場のエントランスで、およそ百八十人の観客のチケットをもぎるのは慣れたもので、あっという間でした。

このときは『ニュー・シネマ・パラダイス』『カーテンコール』『世界一と言われた映画館』『マジェスティック』の四本でした。すべてが「映画館の映画」です。

片桐さん主演のショートムービー『もぎりさん』も上映します。さらにトークと、尾崎めぐみさんのヴァイオリン演奏、プレゼント抽選会、ストレッチ体操、旦過市場のおでんやお弁当の販売など、盛りだくさんの真夜中を過ごしました。

朝になると、こだわりのモーニングコーヒーと、西日本新聞をお届けします。そこには「創業八十年、昭和館のオールナイト・イベント」の記事が掲載されているのです。

最後に拍手が湧き起こりました。最高でした。

コロナが明けたら、オールナイト上映を再開したかった。うちの「場」があれば、実現可能になります。

『ニュー・シネマ・パラダイス』は、わたしの一番好きな映画です。家族には話していますが、もしも死んだら、映画葬にしてほしい。この映画を、みんなに観てもらいたい。

ご存じのように、一九八九年に日本で公開されたイタリア映画ですが、わたしの少女時代と重なります。

映写室のフィルムから火がついて、古い映画館は火事になります。それでも同じ広場に、映画館を再建します。高額の宝くじに当たった男性が、お金を出してくれて……。

もしも昭和館の「お別れ会」をひらくなら、どんな映画を観てもらいたいか？

父と直樹に聞きました。

直樹は『ラ・ラ・ランド』。映画とジャズへのオマージュにあふれたミュージカルで、うちで上映したときには、お客さまを装ったダンサーに、サプライズで踊ってもらったこともありました。

もうすぐ九十歳の父は、なかなか決められません。

戦前の小倉を舞台にした『無法松の一生』でも、松本清張原作の『砂の器』でも、高倉健主演の『幸福《しあわせ》の黄色いハンカチ』でも、なんでもいいのに。

父は健さんと同じ明治大学の出身で、「どこかですれちがっていたかもしれない」というのが自慢なのですが。

「やっぱり、『砂の器』かな……。『忠臣蔵』も『ゴッドファーザー』もはずせんけど、『初恋のきた道』もいいんだよね……」

答えは出ません。

映画館の館主を長年やって、父が一番ありがたいと思ったのは『黒部の太陽』なのだそうです。

公開は、昭和四十三（一九六八）年。わたしは小学生でした。

黒部ダムは、敗戦復興の電力不足を補うため、七年の歳月をかけて完成させた日本一のアーチ式ダムです。

北アルプスの山々に挟まれた黒部峡谷は、人びとを寄せつけない秘境でした。基礎地盤からダムの一番上まで、百八十六メートル。総工費は五百十三億円。延《の》べ一千万人の人手で、工事中に百七十一人の犠牲者が出ています。

映画『黒部の太陽』がつくられた頃、一般家庭に普及していったテレビに、大衆娯楽の座を奪われていました。

戦後の映画界では「五社協定」が結ばれていて、専属監督や俳優の引き抜きを防ぐために「スタアを貸さない、借りない、引き抜かない」というルールをつくっていたのです。映画各社の専属俳優はテレビに出られなかったのですが、映画の斜陽化で、大物俳優もテレビ出演を望むようになっていたのです。

NHK大河ドラマの『赤穂浪士』に、大スタアの長谷川一夫が大石内蔵助役で出演したのが、昭和三十九（一九六四）年のこと。

若き日の父は、ショックを受けました。

この閉塞状況を打破したのが『黒部の太陽』です。

監督は熊井啓《けい》。主演は三船敏郎と石原裕次郎。東宝から独立した世界的俳優と、日活から独立した若きスタアが手を組みました。

本物の岩石を黒部から運んで、実物大のトンネルをつくりました。クライマックスの出水シーンは真夏の撮影で、四十度を超える暑さでした。巨大なセットに四百二十トンの水を流そうとしたら、想定以上の激流に襲われて、三船敏郎も石原裕次郎も必死に逃げました。

試写会を見た当時の皇太子殿下が、「あれはどういうふうに撮影されたのですか」と質問されて、石原裕次郎は「本物の事故を撮ったんです」と答えたそうです。

『黒部の太陽』は大成功をおさめたのですが、日本映画の斜陽化の波にあらがえず、わたしの好きだった石原裕次郎も、役者としての軸足をテレビに移していきます。

昭和四十年代になって、昭和館の姉妹館をひとつずつ、父は手放しました。

日活館には、桟敷席や廻り舞台もありました。奥行が広くて、舞台裏は薄暗い。お化けでも出てきそうで、いとこたちとかくれんぼをしていました。

人のいない映画館は、せつなくなります。

最後に残った昭和館も、六百席から大幅に座席数を減らして、パチンコ屋を併設しました。別の収益で延命をはかろうとしたのです。

パチンコ屋は十数年で畳みましたが、このときに「物産部門」ができて、映画館以外の収入が、うちの経営を支えるようになりました。これが昭和館を一号館と二号館に分けた原型にもなっています。

日活ロマンポルノに頼った時期もありましたが、レンタルビデオの出現で、それも一気に衰退しました。

その後、アニメの『新世紀エヴァンゲリオン』を上映したときには、昭和館の路地に長蛇の列ができました。グッズの売り上げが、一日に百万円を超えたこともあります。ブームは続きません。二代目の父は「次はどうしたらいい」と考えながら、激変の時代を過ごしていました。

わたしは社長になるの？

再建を目指すにあたって、父の考えを聞きました。

うちの会社「昭和興業」から、映画館の経営を切り離す。新しい会社を自分でつくれとのこと。

「おまえが新会社の社長をやれ」

寝耳に水です。

昭和興業は、映画館を経営するための会社だったはずです。映画館の赤字を補塡するため、物産部門ができたのに、映画館部門を切り離して、わたしの弟に昭和興業の社長を譲るとは……。

大変なことになりました。

わたしは自分で資本金を出して、新しい会社をつくらなければならない。すべてを背負わなければならない。

いままでの会社のスタッフは協力してくれない。経理も自分でやらなきゃいけない。家計簿もつけたことがないのに。

父の考えは、わかります。母も映画館再建に反対していますし、弟に会社を譲るのは遅すぎたぐらいなので、異存はありません。

いずれにせよ、厳しい。

映画館をゼロからつくるのは、莫大な先行投資が必要です。昭和館が復活することになれば、最初はみなさん、うちにきてくれると思いますが、十年後や二十年後は、どうなるのでしょうか。

生き残るのは、並大抵なことではありません。

あの火事から三か月後の十一月十日。わたしは福岡県中間市に行きました。高倉健さんの菩提寺《ぼだいじ》があります。この時期はいつも、健さんの特集上映をやっているので、感謝を伝えていました。

今年は上映できません。

旦過市場は復興にむけて動き出しました。昭和土地建物の今井社長からも、前向きな言葉をいただいています。

どういう映画館ができるのか。何も決まっていません。それでも、再建を目指したい。

胸の奥にあるものを、健さんに聞いてほしかった。

あの手紙にもあったように、スクラップ・アンド・ビルドは世の常で、夢を見ているだけではどうにもならない現実問題はあります。

それでも、夢を見たい……。

翌日の記者会見で、北九州市長の北橋さんは、昭和館の再建に触れています。「全面的に応援したい」と語りました。

もう迷いません。道は厳しいけれど、前に進むだけ。

十一月二十七日。

秋も深くなりました。

小倉駅前のリーガロイヤルホテルでは、火事になってから初めてのイベントを開催しました。

特別ホールには、たくさんのお客さまが集まって、わたしを見つめています。

「本日は、ご来場いただきまして……。火災から三か月が過ぎ、やっと、みなさまをお迎えすることができ……」

話がまとまりません。マイクを持つ手が震えます。満員御礼のお客さまは、あたたかく見守ってくださいました。

いまの気持ちを、吐き出します。

「みなさまに愛された小倉昭和館を失ってしまったことを、深くお詫び申し上げます。ほんとうに、申しわけ……。悲しくて、悔しい気持ちで、いっぱいです。みなさまにも、ご心配、ご心痛をおかけして、ほんとうに……」

言葉は途切れるのですが、たくさんの拍手をいただきます。はげましてくださいます。

昭和館PRESENTSの第一弾「活動写真への誘い」は、昭和館と親交のあった大スタア大河内傳次郎の『忠次旅日記』で、国定忠次親分をめぐる義理人情が泣かせます。弁士は、澤登翠さん。『チャップリンの番頭』もコミカルで、会場があたたかくなりました。

幕間に、わたしは売り子になりました。

客席でお声がけさせていただくと、幸運を呼ぶポップコーンや美人マドレーヌ、特製のコーヒーやキャラメル、絵葉書などの記念品を、たくさん買ってくださるのが、うれしくて、うれしくて……。

火事で燃えてしまった売り子のカゴも新調しています。足元には昭和館みたいな段差はないし、淹れたてのコーヒーも出せないのですが、みなさまの笑顔をいただきました。

澤登先生がいらっしゃることは、五月に決まっていました。昭和館が燃えた翌日に、お断りの電話を差し上げたのですが、開催をあきらめきれず、わたしは八月中から動いていたのです。

お客さまに語りかけました。

「全国の映画館が次々に閉館していく中、個人経営の全然儲かっていない赤字続きの映画館が、そして火災ですべてを失った、ちいさな映画館が、再建を目指すのは、無謀なことかもしれません。正直、火災後、迷い続けました。いまも自信はありません……。どんな姿になるのかもわかりません……。ですが、これからも、昭和館が選ぶ映画をご覧いただきたい。楽しんでいただきたい。よろこんでいただきたい。昭和館に集まっていただきたい。そして、わたしが、みなさんにお目にかかりたいんです……。福岡県内に現存する最古の映画館として、映画の街、北九州にある映画館として、復活したいと思います。みなさま、一緒に奇跡の復活の夢を見ていただけないでしょうか……。新しい昭和館を、一緒につくっていただけませんか……」

大きな拍手に包まれます。わたしは涙ぐんでいました。

中村哲さんは郷土の誇り

十二月になりました。

二〇二二年もあと少し、いろんなことがありました。ロシアとウクライナの戦争も続いています。

新しい昭和館のことも、いろいろと決めなければ……。

候補はいくつかあったのですが、設計デザインを、タムタムデザインの田村晟一朗《せいいちろう》さんに頼みました。田村さんは高知の出身ですが、小倉のまちで活躍されています。

「昭和館には、組み合わせの妙がある」

と、田村さんはおっしゃいます。

たとえば、樹木希林主演の『あん』には「どら焼き」を焼くシーンがあるので、創業百年の老舗《しにせ》から大量に取り寄せています。『マダム・イン・ニューヨーク』に出てきた「ラドゥ」というインドの伝統的なお菓子は、六百四十個も売れました。

こういうプラスアルファのアイディアに、田村さんは共感してくれたのです。

まったくの奇遇ですが、八月の火事の数日前に、昔の昭和館の図面をタムタムデザインに預けていました。

今年の四月、旦過市場の一度目の火事のあと、昭和館として何ができるだろうかと考えました。被災された方々や関係者のために、昭和館のロビーを開放したのが好評だったので、ロビーにカフェスペースをつくろうと思ったのです。

ちいさな店のひしめく旦過市場の「情報案内所」や「休息所」を兼ねるような交流の場をつくって、みんなにきてもらいたい。旦過市場と昭和館を、もっと知ってほしい。

映画館のプラスアルファを、田村さんに相談していたのです。

田村さんは映画館をつくったことはありません。うちはお金がないので、コストを切り詰めたい。手を取り合って、進めていくしかないのですが……。

うまくいくのでしょうか。


中村哲《てつ》さんが亡くなったのは、二〇一九年十二月四日。

『荒野に希望の灯をともす』は感動的なドキュメンタリー映画で、昭和館では九月上旬に上映するつもりでした。

悔しい。みんなに観てほしかった。

ようやく実現したのが、十二月十日。

昭和館PRESENTS第二弾は、北九州市立大学の「北方シネマ」で上映しました。

大学のキャンパス内にあって、客席の急な勾配は、昔の昭和館みたいです。木製の椅子が硬いので、クッションが用意されています。

中村哲さんは、郷土の誇り。

医師として、アフガニスタンやパキスタンで三十五年にわたって、ハンセン病、戦乱、干ばつに苦しむ人びとに寄り添いながら、たくさんの命を助けました。

二〇〇〇年、アフガニスタンは大干ばつに襲われます。農業は壊滅し、飢えと渇きに苦しみました。二〇〇一年の九・一一テロの報復措置として、アメリカ軍による空爆も続いていました。

こんなアフガニスタンの荒野で、哲さんは用水路の建設を決断します。医師に土木工事ができるのか。無謀なチャレンジですが、人びとを助けるのに、他に道はない。

ヒンズークッシュ山脈の氷河から流れる川は激しくて、苦労して築いた堰《せき》は、何度も崩壊します。それでも、やるしかなかった。技術トラブルに見舞われても、アメリカ軍から機銃掃射を受けても、日本に残していた息子の死という悲しみに見舞われても、哲さんはあきらめない。

六年五か月をかけて、全長二十五キロメートルの用水路をつくりました。荒野は緑の大地に姿を変えて、農村はよみがえり、いまでは六十五万人の命を支えています……。

中村哲さんは昭和二十一（一九四六）年、福岡大空襲の廃墟で生まれました。二歳のとき、母親の親族がいる若松市、いまの北九州市に移り、六歳まで暮らしています。

祖父は玉井金五郎。若松・洞海湾で、石炭荷役業「玉井組」を営みました。

『花と龍』をご存じでしょうか。沖仲仕《おきなかし》の玉井組の隆盛期、金五郎と妻マンの一生を書いた小説で、息子の芥川賞作家、火野葦平のベストセラーです。映画も大ブームになりました。主演の金五郎役は藤田進、石原裕次郎、中村（萬屋《よろずや》）錦之助、高倉健、渡哲也と、七度も映画化されています。

金五郎とマンは、哲さんの祖父母です。火野葦平は伯父です。

いつも相談にのってくれるギラヴァンツ北九州の玉井行人《ゆきと》会長は、金五郎とマンの孫で、哲さんのいとこになります。

午前の部だけで、観客は二百人以上。

わたしは売り子になりました。シネクラブサポート会の藤野さんたちが協力してくれて、募金も集めてくれました。

映画のあと、お楽しみのトークは、玉井行人さんと、哲さんのドキュメンタリーを長年撮っていた九州朝日放送の臼井賢一郎さん。

かつて石炭がエネルギーの中心だった時代、筑豊炭田の集まる遠賀《おんが》川の河口に、若松港がありました。旧八幡《やはた》製鉄所とともに、北九州工業地帯の中心だったのです。

『花と龍』が任侠映画として描かれたので、玉井一族はヤクザ者と誤解されていますが、戦時中に玉井組はなく、港湾関係の仕事を細々と営んでいました。
それでも川筋気質は健在で、しつけに厳しい祖母マンの説教が、哲さんの倫理観として、根を張っているのです。

弱者は率先してかばうこと。
職業に貴賤はないこと。
どんな生き物の命も尊ぶべきこと……。

中村哲さんは「祖母の教えを繰り返しているだけ」と、自分の本に書いています。わたしも見習いたい。

クリスマスの思い出

年の瀬になりました。
ふと空を見上げると、闇が深くなっています。月の輝きも、いつもより力強いように感じます。

　クリスマスが近づくときには、おひとりでもよろこんでもらえるような映画を選んでいました。夜空をながめたら、みなさまの顔が浮かびます。一年の疲れを癒してほしいと願います。

　二〇二一年の十二月。昭和館の一号館では、こんな特集を組んでいました。一年前なのに、懐かしい……。

「年末年始　呑むか食べるか　二本立て」

　呑むというのは、『アナザーラウンド』。冴えない中年教師が「血中アルコール濃度を一定に保つと、仕事の効率がよくなる」という理論を証明するために、お酒を飲み続けるというコメディで、アカデミー賞の国際長編映画賞を受賞しています。

　売店では、お酒も出しました。クリスマスシーズンはホットワインが好評です。

　主演のマッツ・ミケルセンには、男の色気がありますよね。二〇二三年に公開された『インディ・ジョーンズと運命のダイヤル』にも、元ナチスの科学者役で出ています。

　食べる映画は『ノッティングヒルの洋菓子店』。三世代の女性たちと男性シェフの物語で、ロンドンの人気デリ「オットレンギ」が全面協力したスイーツがおいしそう。

同時期の二号館は「絵画の世界を楽しむ　二本立て」でした。北九州市立美術館のロートレック展と福岡市立美術館のゴッホ展にあわせて、『ディリリとパリの時間旅行』と『ゴッホとヘレーネの森』を上映していました。


二〇二二年のクリスマス。

小倉昭和館には、竹灯籠がともっています。「小倉城竹あかり」の実行委員会が制作した作品で、復興を願って展示されたものを贈っていただきました。

暗闇に一本、はかなげな光。わたしは願いをこめます。

帰りたい。ここに帰りたい。

かわいいカエルの人形が、地面に置いてあります。誰がくださったのでしょうか。

暗闇に手を合わせながら、この一年の出来事を思い出しています。

ウクライナで戦争がはじまったとき……。

テレビのニュースを見て、すぐ配給のアンプラグドさんに電話をかけました。在りし日の昭和館で、『ひまわり』を緊急上映しています。

ソフィア・ローレンとマルチェロ・マストロヤンニの恋愛映画で、ふたりは戦争で引き裂かれます。一九七〇年の公開時には、ソ連の一部だったウクライナの広大なひまわり畑で撮影されました。ウクライナの国花も、北九州市の市花も、ひまわりです。

春なので、造花のひまわりを取り寄せました。「NO MORE WAR」のポスターとともに、人道支援の募金を設置しました。

たくさんのお客さまが観てくださったので、上映期間を延長して、火曜日の休館日も返上しました。七月にも再演しています。

はやく戦争が終わるといいのですが……。

北九州市からの強い希望を受けて、昭和土地建物の今井社長は決断されました。

二〇二三年十二月、北九州国際映画祭にあわせて、昭和館は単独の映画館として再建します。ビルを建てたら最低でも二、三年かかるのですが、独立した建物であれば、ぎりぎり来年十二月に間に合うかもしれない。

一月に発表することになりました。

今井社長は、わたしの情熱を信じてくれたのです。

更地にあるのは、竹灯籠が一本だけ。昭和十四年に建てられた昔の昭和館も、そのうちに忘れられるでしょう。

スクラップ・アンド・ビルドを、肝に銘じなければ……。

映画館をつくるには、お金が必要です。

わたしにはお金がありません。新会社をつくって、ゼロからはじめます。

旦過市場のクラウドファンディングが終わったので、タイミングを考えます。うちは旦過市場の象徴になっていますが、そこの寄付からはお金をもらわないようにしていました。

さまざまな配慮をしながら、自分たちのプランを進めます。

春になったら、小倉昭和館のクラウドファンディングをやります。リリー・フランキーさんが、応援団長になってくれます。

あの火事の四日後、リリーさんがきてくれました。「絶対に再建しよう」と、わたしと直樹をはげましてくれたのです。

うちのドキュメンタリー番組がつくられたときには、どんなに忙しくてもスケジュールをあわせて、ナレーションを担当してくれました。昭和館のネオンは安置されていますが、リリーさんがいなければ、瓦礫として処分されていたと思います。

わたしが小倉にもどってから、昭和館のイベントには何度も出てくれました。ほろ酔いシネマカフェのトークで、リリーさんは、わたしをイジります。

「この人、ひどいんです。あご足をケチって、他の仕事がこっちであるときに呼ぶんですから」

お酒を飲んで話し続けるリリーさんから、愛のある毒舌をいただくのですが、不思議なことに、お客さまはよろこびます。

昭和館をうしなって……。

いつも突然、リリーさんから連絡があります。小倉にやってきたときには、直樹も一緒に、何度も話し合いました。

新しい昭和館を、どうしよう……。

お客さまに遊びにきてもらえる映画館、映画を愛する人びとの未来をつくる場所、みんなの交流の場所にしたい。

昔の昭和館では、映画のチケットを買う人には、建物の外にならんでもらいました。新しい昭和館のチケット売場は、建物の内側につくります。スクリーンのある上映スペースの入口で、チケットをもぎって、客席に入ってもらうのです。

建物のロビーは、オープンスペースになります。そこに子ども食堂をつくりたい……と、リリーさんと話しているうちに、イメージがひろがりました。

子ども食堂は、夜は照明を落として、バーにしたい。

まちの人たちの居場所をつくる。そうなると、ジジババ食堂になるのかな。

昔の昭和館をそのまま再現するのではなく、まったく新しい映画館をつくろうと、わたしは誓うのでした。

父・樋口昭正と

第3章

わたしたちの居場所。

映画館はどうあるべきか

ゆっくりと過ごせるお正月は、人生最後かもしれない。

「温泉、行きたいね」

と、家族で話していたのですが、たくさんのことを決めなければならず、慌ただしい年末年始になりました。

元日は毎年、祖父のお墓参りに行きます。

樋口勇、享年八十二。昭和館の創業者で、小倉の消防団長や福岡県の県会議員をつとめています。

映画館の再建は、苦難の道のりが予想されますが、どうか見守ってください。最善を尽くしますので……。

二日と三日は、自宅で過ごしました。

テレビで箱根駅伝を見るのも、ひさしぶりです。母校の青山学院大学が、昔よりも強くなっているので、後輩の学生たちが必死に走るのを、ずっと応援していました。

二〇二三年一月十八日。

前年八月に焼失した「小倉昭和館」を、同じ場所に再建すると発表しました。

敷地は百五十坪から百坪ですから、三分の二になります。平屋の一スクリーン、座席数は百三十五ぐらいで、映写機はデジタルとアナログを設置します。バリアフリーを徹底して、イベントを開催できるように、舞台の奥行きをひろげます。

パブリックスペースをつくることは、記者の方々にも説明しました。「子ども食堂」とは、まだ決まってないのですが……。

工事開始は四月。オープンは十二月で、北九州国際映画祭にあわせます。億単位の資金が必要で、一般からの寄付も受け付けます。

もう、後もどりはできません。

小倉昭和館の「復活」は、旦過市場商店街から歓迎されました。一緒にやっていこうという機運が盛り上がっています。わたしたちも勇気づけられます。

北九州フィルム・コミッションも応援してくれます。通称、ＫＦＣ。市役所の広報室が発展して、二〇〇〇年の設立以来、多くの映画やテレビドラマのロケ支援で、実績を残しています。

映画祭はもちろん、かつての昭和館を舞台にした光石研さんのショートムービーを企画するなど、「映画の街・北九州」の中心的な役割を担っています。

KFCの上田秀栄《しゅうえい》さんとは、コロナ危機の前から「映画館はどうあるべきか」を話し合っていました。

「北九州は、映画の街。単館系の映画館は絶対になくてはならない」

と、さまざまなアイディアを出してくれます。

昭和館PRESENTSのイベントも、月に一回のペースで進めています。シネクラブサポート会には、藤野さんを中心に、これまで以上の協力をお願いするようになりました。

第三弾は、一月二十二日。『ワン・セカンド　永遠の24フレーム』を、北九州市立大学の北方シネマで上映しました。

舞台は、文化大革命時代の中国。

映画のフィルムに一秒だけ映された娘の姿を、父親が懸命に追いかけます。映画と家族の物語です。

巨匠チャン・イーモウ監督は、『単騎、千里を走る』に主演した高倉健と、深い交流がありました。健さんにプレゼントされた日本刀を、いまもオフィスに飾っているそうです。

昭和館PRESENTS第四弾は『バケモン』。十七年間追い続けた「笑福亭鶴瓶ドキュメンタリー映画」です。

無償で映画館に作品を提供すること……。

これが鶴瓶さんの出した条件で、制作・配給会社の収益はなし。コロナ禍の映画館を救済するのが目的なので、DVDや配信もなし。

井筒屋パステルホールでの上映が、二月四日に決まったあと。

直前になって、鶴瓶さんが小倉にきてくれることになりました。信じられません。二度の上映のあと、落語を口演してくれるのだとか。

映画『バケモン』には、こんな言葉が出てきます。

「何もしなければ道に迷わないけれど、何もしなければ石になってしまう」

石になってしまわないように、わたしも動き続けます。

息子の直樹は四月まで、生活困窮者支援のNPO法人「抱樸《ほうぼく》」で働くことになりました。

昭和館のスタッフは、わたしひとり。父親から独立して「小倉昭和館株式会社」の代表取締役社長になったのですが、何を代表すればいいのでしょうか。

映画館の運営は大好きで、自信はあります。経営者には、なりたくない。細かい数字の計算など、まったく得意ではありません。

サラリーマンの主人は「月に百万円は利益が出ないとやっていけないよ」とアドバイスをくれます。

そのために、いくら稼げばいいのか。一日百人入ったとして、配給さんに払うお金とか、光熱費とか、保険とか……。まったく計算していませんでした。

一本の映画をワンクール（二週間）かけたとして、赤字になるか、黒字になるか……。この程度ならわかります。自分たちで映画を選んで、さらにタイミングやプラスアルファを考えて、お客さまによろこんでほしい。そこだけは自信がありました。

こういう運営はできても、経営は無理だというのが実感です。まわりも大丈夫かなと思っているんじゃないでしょうか。

　わたしも不安になります。

　いつもアドバイスをくれるのが、東京の税理士事務所につとめている長男です。わたしがわかっていないということを、息子たちはわかっているので、怒られてばかりなのですが。

　映写やパソコンをやってくれるのは、次男の直樹です。もうすぐ定年を迎える夫も助けてくれます。いずれは経営を手伝ってくれるかもしれない。

　でも……。

　新しい小倉昭和館は、樋口家のものではありません。みんなと一緒につくりあげたい。みんなの「想い」をかたちにしたい。

　いろんな方々の支援は必要だけど、いままでよりも価値のある映画館になってほしい。

　先代の父はずっと、他人の力を借りないでやってきました。自分の借金はつくっても、補助金はもらわない。寄付も受け付けませんでした。

　わたしは、そんなこと、言ってられない。

　みなさまが差し出してくれた手を握り返して、一緒につないだまま、再建しようと思います。

旦過市場の近く、魚町商店街に、小倉昭和館の仮事務所をつくりました。

ここでは、ご連絡をいただいたり、郵便を受け取ったり、取材を受けたり、チケットを売ったり……。

事務所の壁には映画のポスターやチラシ、新しくもらったサイン、新聞や雑誌の記事、再建を望むファンからのメッセージなどが、所狭しと貼られています。

お客さまにも、気軽に訪ねてもらいます。シネクラブサポート会の仲間たちとは、コーヒーを飲んだり、お菓子を食べたり、イベントのあとで、お酒を飲んだり……。

ちいさな事務所ですが、わたしの居場所ができました。

鶴瓶さんがやってきた！

二月一日、新会社の代表取締役になりました。お赤飯を炊いています。紅白饅頭も頼みました。

小倉昭和館の再建を発表してから、いろんなことを心配していたのですが、前には進んでいます。

挨拶状をつくりました。父と連名で出します。わたしが文面を考えて、宛名書きや発送なども、自分が率先してやらなければならない。

会社を辞める人間なので、さまざまな不具合はあります。

ガソリンカードを返せと言われたのは、しょうがないですよね。保険証を返せと言われたときには、「病気になったら死にます」と、父に文句を言いました。

もちろん、会社の判断として、間違っているわけではありません。わたしの考えが甘い。退職するときに、こういうことも事前に見越しておくべきでした。

それでも……。

疑心暗鬼かもしれませんが、わたしの昭和興業での十二年は、なんだったんだろうと考えることもあります。お疲れさまと言われることもなく、追い出されるような感じだったのです。

「ゼロからはじまるんだから、いいだろう。映画館には未来があるんだから」

と、父は言います。はたして未来はあるのでしょうか。

小倉にもどってきて、わたしは少しずつ、映画館の赤字を減らしました。火事で燃えるまで、一生懸命映画館を守ってきた自負もあります。

わたしは悪いことしたの？

わたしが火をつけたわけじゃないよ。退職金もちょっとしかもらってないし……と、かなりナーバスになっていたと思います。

組織を離れるときって、こんな感傷に襲われるのでしょうか。


まずは挨拶まわりで、紅白饅頭を配りました。新しい名刺に「小倉昭和館　代表取締役・館主」と入れています。

ほんとは「売り子」も名刺に入れたかった。「そのほうがかわいくない？」と言っていたのですが、シネクラブサポート会の藤野由香さんや野北佳子《のきたよしこ》さんにも反対されて、あきらめています。

ひとりでさびしくなるかなと思っていたのですが、ボランティアの彼女たちに救われています。

鶴瓶さんがやってきたのは、二月四日。

滅茶苦茶な忙しさでした。

わたしは古い世代なので、二十四時間働けばいいと思っていたのですが、一人何役みたいな役割が多すぎます。

映画館の運営と、会社の経営。マスコミの取材を受けたり、市民センターなどで講演したり、売り子にもこだわりがあるものだから、自業自得なのですが。

二日の夜に出来あがった登記を、三日の朝に取りに行きます。その足で、北九州銀行に行きました。西日本新聞さんが六千部もつくってくれた冊子『復活の夢を一緒に　小倉昭和館の軌跡』の裏面に、うちの復興義援金口座の番号を入れてくれるので、すぐに新しく口座を開設しなければならなかったのです。

三日の昼には、『バケモン』の山根真吾監督がいらっしゃいます。ロングインタビューを受けました。四時には会場準備があって、荷物を入れます。直樹も半休をとって、手伝ってくれました。

二月四日、土曜日。

井筒屋パステルホールは満員。

まさか鶴瓶さんがきてくれると思わず、チケットの販売価格を安くしていたのです。

もっと高くても集まったとは思うのですが、きょうのお客さまに満足してほしい。わたしが挨拶したあと、シネクラブサポート会の藤野さんも登壇します。新しい昭和館への募金をお願いしてくれました。

上映時間は一時間五十九分五十九秒。鶴瓶さんの十七年の歩みが、濃密に記録されています。

春風亭小朝さんに誘われて、鶴瓶さんは五十を過ぎてから、落語をはじめました。まずは師匠の笑福亭松鶴《しょかく》に怒られた日々を描いた創作落語『かんしゃく』を演じます。さらに松鶴師匠の十八番である『らくだ』に取り組みました。これは一時間にも及ぶ古典落語の傑作で、歌舞伎にもなっています。

鶴瓶さんの『らくだ』を見て、山根監督は衝撃を受けたそうです。発表するあてもなく取材を続けるうちに、鶴瓶さんの落語は変貌をとげ、さらに深みを増します。スクリーンに映し出されるのは、鶴瓶さんの日常や、まわりの人たちとの関わりで、どんどん引き込まれました。

暗闇のスクリーンを観ているのに、太陽の光を浴びたように、元気をもらいました。前を向かなきゃという気持ちにもなるし、いまの昭和館にぴったりで、わたしもやらなきゃと思います。

二度の映画上映のあと、鶴瓶さんの落語の一席目は、映画にあわせた『かんしゃく』でした。二度目も同じ演目をやるのだろうと思っていたのですが、鶴瓶さんは急に、『芝浜』をやります、と言いました。ここにきたとき、決めたのだそうです。

驚きました。

二席目がはじまるまで、鶴瓶さんはホールの小部屋にこもって、ひとりで『芝浜』をくりかえしていました。

その集中力たるや、すさまじい。

酒好きで怠け者の魚屋が、海岸で拾ったはずの財布がなくなって、あれは夢だったのかと酒をやめて、必死に働いて……。

みなさん、ご存じですよね。

女房にだまされていたのですが、苦難の末、魚屋として立派に成功し、なくしたはずの財布を渡されます。だましたことを深く詫びられ、お酒を呑んでおくれよと女房に言われるのですが、呑まずに、「また、夢になるといけねえ」という有名な噺。

映画のあと、鶴瓶さんが舞台に出てきます。

まずは「これはオプションで」と、トークがはじまりました。

映画館の経営は大変なのに、コロナになって、二度も火事になって、それでも館主はあきらめなかった。おとうさんもすごい。跡をつぐ息子さんもいる。

さっき、決めた。これから、いろんなとこで『芝浜』をやろう。もっともっと、うまくなって、みんなの前にもどってくる……。

魔法のような語り口で、井筒屋さんのホールに、昭和館のような空気感がよみがえります。すべての視線が、鶴瓶さんに集まります。みんなの微笑みがひろがって、ひとつになります。

芝浜は江戸なので、大阪の人はまずやらない。それでもやる。正月休みに、ハワイでおぼえようとした。だから、芝浜ではなく、ワイキキの浜だと思ってほしい。

はじめて舞台でやるので、うまくやれないかもしれない。でも、一所懸命やる。何もないところから、はじめたい……。

鶴瓶師匠の『芝浜』、ほんとうによかった。再出発の大きな記念になりました。

ネタおろし、感謝しかありません。夢ではない昭和館にきてもらえるように、わたしも精進します。

出会いと別れ

父は、鶴瓶さんの大ファンでした。

最初のご挨拶のとき、ふらふらといいなくなった父を、なんとか探し出して、二代目ですと紹介しました。わたしが三代目、直樹が四代目になります、と……。

鶴瓶さんは誰に対しても、テレビで見ているときと同じような明るさで、気さくに笑わせてくれます。

落語家として何かを演じているとき、空気感が変わります。役者としても、西川美和監督の『ディア・ドクター』のニセ医者など、怪演に圧倒されました。

忙しいのにきてくださったのは、うちだけでなく、まちの映画館を愛してくださっているからだと思います。今回の上映でも、ギャラはおろか、全スタッフの交通費も受け取らない。事務所の社長さんから、義援金までいただきました。

うちは芝居小屋を兼ねていたので、父の少年時代から、たくさんの名優が訪れています。高峰三枝子が駅から人力車に乗ってきたとか、宮下順子がきれいやったとか、最近の父は、ぽつぽつと思い出を語ります。

わたしが小倉にきてから、父がファンだった富司純子《ふじすみこ》さんと、お目にかかりました。小倉にいらっしゃるとき、富司さんが出演していた映画をかけていたら、突然、うちに観にきてくれたのです。

富司純子さんがきてくださっているよ、と父に教えたら、あわててやってきて、あまりによろこぶものだから、

「あなたの親孝行のお手伝いができてよかったわ」

と、富司さんは静かに微笑んでいらっしゃいました。

あのときの色紙は燃えてしまいましたが、富司さんは新しい色紙を書いてくださいました。鶴瓶さんもきてくれて、父には万感の思いがあったようです。「冥土の土産ができたね」と、わたしも不謹慎な軽口を叩いていたのですが……。

出会いもあれば、別れもあります。

シーナ&ロケッツの鮎川誠さんは、一月二十九日に亡くなりました。

福岡の人で、めんたいロックの神さま。昭和館のトークにもきてくれて、「神聖なス

クリーンの前で、ギターを演奏させてもらった」とおっしゃってくださいました。新しい昭和館にもきてほしいと、わたしたちも待ち望んでいました。

うちの八十周年でも、メッセージをいただいています。

「こだわり抜いた独特のセンスが光る昭和館は、北九州・小倉の地で八十年の時をロックしてきた。名作の数々を上映し、往年のスターたちも多く訪れた歴史ある日本屈指の名画座として、小倉の街から一つのカルチャーを発信してきたそのロックな志とエネルギーには、多くの人々が素晴らしい感動や興奮をもらってきました」

二〇二三年の夏、シーナ&ロケッツのドキュメンタリー映画が封切られます。三十六年間、バンドとして転がり続けました。二〇一五年にシーナさんが急逝してからも、鮎川さんは死ぬまでロックを貫きました。

もうひとり、松本零士さんは二月十三日に亡くなりました。偉大な漫画家で、小倉の「北九州市漫画ミュージアム」の初代名誉館長です。

新幹線が小倉駅に到着すると、ホームに『銀河鉄道999《スリーナイン》』のメロディーが流れます。改札を出たところには、「999号」の車掌さんがいます。メーテルと鉄郎の銅像もあります。北九州空港でも、メーテル像がお出迎えしてくれます。

松本零士さんは、鮎川さんと同じ久留米の生まれで、小倉で育っています。漫画家として大成するために、なけなしの金で東京への片道切符を買って、９９９号のような蒸気機関車「C62」で上京しています。

かつての昭和館では、漫画ミュージアムとのコラボで『銀河鉄道９９９』や『宇宙戦艦ヤマト』を上映したこともありました。

北九州には、たくさんの博物館や美術館があります。「いのちのたび博物館」とのコラボで『ジュラシック・ワールド』を上映したこともあります。「北九州市立美術館」や「北九州市立文学館」や「松本清張記念館」の新しい展示ポスターが貼られているのを見ると、お客さまに観てほしい映画を、たくさん思いついてしまいます。

二月五日の北九州市長選で、新しい市長が誕生しました。

武内和久市長は、わたしよりも若い。うちの常連だった北橋前市長は退任しますが、新しいエネルギーで「映画の街・北九州」を盛り上げてくださると信じています。

十二月の北九州国際映画祭にむけて、小倉昭和館の再建を進めているのですが、問題は山積みです。東京に行っても、ハードスケジュールでくつろげない。映画館にも行けません。

三十五ミリのアナログ映写機は、いまは製造されていないので、うちに寄贈される中古品をリフレッシュします。いくつかお話をいただいているのですが、実際に見てみないと状況がわからない。

デジタル映写機のＤＣＰは、中古でもいいかなと思っていたのですが、ちょうど新型への切り替え時期でした。いろいろと考えたら、新型ではなく、現行の主要機材の新品を購入したほうがいいと判断しました。

タムタムデザインに映画館の経験がないこともあって、ジーベックスに協力をお願いしました。映画館の映像・音響機器では最高のプロフェッショナルで、父の人脈で紹介してもらいました。

タムタムの田村さんの設計図面を見ながら、さまざまなアドバイスをもらいます。昭和土地建物につくってもらう大枠は決まったのですが、内装は手さぐりの状態から、なかなか抜け出せないのです。

こうしたいという欲は、どんどんふくらんでいます。

昔の昭和館は、冬になると前方が寒く、夏には天井近くに熱がこもっていました。音響や防音、遮光や採光などは、ジーベックスに相談するとして、空調も効率的にしたい。大きな箱型の建物になるので、屋上も使えるかもしれないと思いつきました。螺旋《らせん》階段をつけて、オープンスペースにしよう。ビアホールやろう、と盛り上がっていたのですが……。

これは無謀な試みでした。建物の高さは七メートルもあって、とても危険だし、コストもかかります。

映画館の椅子にも、こだわりました。

昔の昭和館は、一号館が緑で、二号館はワインレッド。父も「緑がいい」と言っていたのですが、いい感じの緑がありません、「青にしてほしい」とか「黒が汚れが目立たない」という意見もあって、なかなか決まらないのです。

スクリーンを観やすいように、座席の角度を変えます。バッグを引っかけられるようなフックを、背もたれにつけました。売店を充実させるつもりなので、いろいろなものを置けるようにしたい。傘立てもリクエストしました。うちはお年寄りが多いので、杖立てになるかもしれませんが……。

こうやって想像しているうちは楽しいのですが、いずれ見積もりがくると思ったら、ゾッとします。

それぞれの座席には、お世話になった映画人や作家のネームを、刺繍で入れます。鮎川誠さんの娘さんから「四列七番に入れてください」と言われたときには、涙が出そうになりました。四と七で「シーナ」なのだとか。

座席数が減るのは痛手ですが、座席の最後列に通路をつくってもらいました。上映中に席を立たなければならないとき、スクリーンの前を横切らなくてもよくなります。わたしは売り子になるので、後ろを通り抜けたい。

タムタムの田村さんに頼めてよかったのは、設計図面に対して、現場の意見を取り入れてくれること。変更を相談しても、ちゃんと検討してくれます。

設計士さんによっては、自分の書いてきた図面に、なんか文句あるかと高圧的な態度をとられることもあります。こちらの理想に近づけるには、戦わなければならない。

新しいものをつくるって、すごく体力がいるけど、楽しい。

雰囲気はそのまま。設備は新しく。昔の昭和館を愛してくださったお客さまに、恩返しをしたい。いままで以上に行きたくなる場所を目指したい。

クラウドファンディングをはじめます。集まったお金に応じて、内装を考えていけばいいと、このときは悠長に思っていました。

目標は、三千万円

リリー・フランキーさんが三月十八日、北九州市立文学館の「子どもノンフィクション文学賞」の表彰式で、小倉にやってきます。

そのタイミングで、小倉昭和館のクラウドファンディングを立ち上げました。旦過市場の一度目の火事から、四月で一年。三月十七日には、うちのドキュメンタリー番組が、NHKで放送されています。

時が過ぎていくのはおそろしい。まだ工事も始まっていません。十二月の再建まで、あっという間なのでしょう。

リリーさんと直樹と三人で、十八日に記者会見をひらきました。クラウドファンディングは、三月二十日の十九時から、四月三十日の二十三時五十九分まで。目標金額は三千万円。

応援団長のリリーさんのメッセージを紹介します。

「度重なる火災で焼失したものは、生活や、想い出、そして、未来でした。自宅にいても手軽に映画と接触できる今。でも、映画と僕たちの関係は、知識だけでは成り立ちません。映画を求めて、時間やお小遣いを切り詰めて、そこに赴いた経験。その経験こそが、僕たちの感受性を培ってきてくれました。

今回、焼失した小倉昭和館を皆様にお伝えしたのは、観客の少ない家族経営の三番館を再度作る為ではありません。

町の映画館という場所が、改めて、子供たち、大人たちの語らいの居場所でありますよう。

そこに行けば、年齢、性別、人種に関係なく、食事をしながら、今観た映画、いつかの人生をささやき合えますよう。

映画、映画館を媒介に、すべての人が集える、とまり木になれれば。

それは、懐古的な想いではなく、文化という、人々の未来の為に」

リリーさんは東京に住んでいますが、東京がふるさとだと思ったことはないそうです。

いつかきっと、小倉に帰ってきてくれます。

新しい小倉昭和館は、みんなの居場所であってほしい。

映画人や作家が十五人、応援メッセージをくださいました。

奈良岡朋子、光石研、岩松了、片桐はいり、平山秀幸、タナダユキ、松居大悟、村田喜代子、吉本実憂、小田彩加（ＨＫＴ48）、藤吉久美子、田中慎弥、福澤徹三、秋吉久美子、草刈正雄。

みなさまのおかげで、ちょっとずつ、復活の夢を描けるようになっています。


昭和館ＰＲＥＳＥＮＴＳのイベントも続けています。

映画『エゴイスト』は、印象的な作品でした。

鈴木亮平が主演で、ファッション雑誌の編集者。美しいパーソナルトレーナーの宮沢氷魚《ひお》と、男同士の恋に落ちるのですが、若い恋人に振り回されて深みにはまります。

物語が進んで、宮沢氷魚の母親として、阿川佐和子が出てきます。この阿川さんの自然な演技が素晴らしい。鈴木亮平との息のつまるような疑似親子の関係性に、激しく胸を揺さぶられました。

うちでも上映したかったのですが、鈴木亮平の友人役で出演したドリアン・ロロブリジーダさんが、『エゴイスト』のトーク&再建応援イベントのために、小倉にやってきてくれました！

三月二十一日、舞台はタンガテーブル。旦過地区にある紫川近くの宿泊施設&レストランで、定員六十人の観客は満員御礼。

ドラァグクイーンのドリアンさんの歌謡ショウで、おひねりも集めて寄付してくれました。シネクラブサポート会の藤野さんたちも盛り上がって、手作りのうちわを準備しています。

たくさん笑いました。みんなと酔っぱらって、最高の気分だったのですが、ひとつだけ心残りがあります。

このときは映画『エゴイスト』を上映できませんでした。

いつも春には、アカデミー賞の授賞式があります。今年も『エブリシング・エブリウェア・オール・アット・ワンス』『ザ・ホエール』『生きる　ＬＩＶＩＮＧ』『ＴＡＲ／ター』『ウーマン・トーキング　私たちの選択』『ＲＲＲ』など、良質な映画がどんどん封切られています。

日本でも『ある男』や『ケイコ　目を澄ませて』などが賞をとったり、『THE FIRST SLAM DUNK』や『BLUE GIANT』が海外でも話題になったり、どんどんアップデートされていく世の中についていくのも大変です。

映画を見る時間がない。それがつらい。

二年前の昭和館では、『彼女は夢で踊る』を上映しました。広島の薬研堀《やげんぼり》に実在したストリップ「広島第一劇場」を舞台にしたラブストーリーです。

広島第一劇場は、中国地方では最後まで続けていたストリップ劇場で、二〇二一年五月二十日に、惜しまれつつ閉館しました。

この映画をうちでかけるとき、「ほろ酔いシネマカフェ」を企画しています。映画に出演した現役ストリッパーの矢沢ようこさんと時川英之監督にトークをお願いしました。

さらには「A級小倉ツアー」と題して、九州唯一のストリップ劇場「A級小倉劇場」に、わたしが引率して女性限定二十名で三回、矢沢さんの出演するショーを観に行ったのです。

わたしたち女性グループの来店に、館主の木村恵子さんは感激してくれました。

木村さんは踊り子たちの母親のような存在なのですが、新型コロナの時期に体調をくずして、およそ四十年の歴史に幕をおろそうと決めていたそうです。

いろいろと迷われたのではないでしょうか。閉館を撤回しました。うちが焼けたときには、お見舞いをくださいました。

Ａ級小倉劇場は、いまも営業を続けています。


四月一日。昭和館ＰＲＥＳＥＮＴＳのイベントを、小倉城内の松本清張記念館でおこないました。

「桜の宴《うたげ》」です。

上映作品は、ＮＨＫドラマの『最後の自画像』。向田邦子脚本で、主演はいしだあゆみ。清張さんが恍惚《こうこつ》の老人役を熱演しています。

さらに清張作品の朗読、古賀厚志館長のオカリナ演奏と、「揚子江」の豚まん、ビールかソフトドリンク、記念館の入場料など、すべてあわせて二千円。これも満員御礼でした。

桜の舞い散る城内で、熱々の豚まんを食べながら、幻想的な夜を過ごしています。

小倉は、清張さんのふるさと。

軍医として小倉に滞在した森鷗外を描いた『或る「小倉日記」伝』で、芥川賞を受賞したのが四十三歳。当時としては遅いデビューでした。そこから大作家になって、精力的に書き続けたのです。一九九二年に八十二歳で亡くなっています。

父もイベントにやってきました。向田邦子もいしだあゆみも大好きなのですが、もちろん、清張さんも尊敬しています。

清張作品では、なんといっても『砂の器』が人気です。それは別格として、父が忘れられないのは『黒地の絵』という短編小説で、昭和二十五（一九五〇）年の米軍黒人兵集団脱走事件を描いています。

小倉の祇園祭を翌日に控えた夜。祇園太鼓が鳴り響いているとき、米軍の「ジョウノ・キャンプ」に駐留していた総勢二百五十人の兵士たちの一部が脱走して、近くの民家で略奪や暴行を働きました。

消防団の祖父は「外に出ないでください」と、地域に呼びかけました。ものすごい緊迫感だったそうです。

当時はＧＨＱの統制下で、事件の新聞報道はなく、およそ二日後に脱走兵たちは朝鮮戦争の最前線に送られました。

この闇に葬られた真相に、清張さんが光を当てたのが、その八年後のこと。小説『黒地の絵』の映画化を、清張さんは強く希望していました。松竹や東宝、黒澤明や熊井啓などの監督も動いたのですが、いまだに実現されていません。

ここが故郷の場所

手さぐりの暗中模索で、クラウドファンディングを立ち上げたのですが、不安はつのります。

最初のうち、反応は重かった。こんなに話題になっているのに、お金は集まらない。どうしてなのだろうと思うのですが、理由は思い当たりません。

資金の使い道は「映画設備・備品購入」として公表しました。いずれも焼失前の設備から、ざっと概算しています。

デジタル映写設備　一千万円
三十五ミリ映写設備　五百万円

スクリーン　百万円
音響設備　七百万円
座席（百三十五席）　九百四十五万円
舞台設備（スピーカー・マイク等）　二百万円
劇場内空調設備　四百万円
券売機　百万円
ロビー備品（ベンチ・売店カウンター等）　二百万円
事務用品代（PC・ポスターフレーム・事務机等）　百五十万円
飲食提供設備（売店商品提供）　百万円

合計で「四千三百九十五万円」になりました。クラウドファンディングの目標金額では足りません。

デジタル映写機器の見積もりをお願いしたら、さらに金額は超過しました。円安による資材高騰もあって、経費はどんどん増えています。子ども食堂かバースペースになるはずのパブリックスペースも、ここの費用には入れていません。

クラウドファンディングの仕組みも、よくわかっていませんでした。三千万円をいただけたら、そのまま使えるわけではなかったのです。リリーさんのおかげで安くなっているのですが、運営会社に手数料をお支払いして、返礼品をお送りします。税金もかかります。

「そんなことも知らなかったの」

と、あとで家族に怒られました。

NPO法人「抱樸」の仕事から、直樹が帰ってきたとき……。抱樸の奥田知志《ともし》理事長がくわしいので、クラウドファンディングのことを相談しています。

奥田さんは、最初十日ほどの推移を見て、

「これなら最後の一週間で達成するな」

と断言するのですが、わたしには手ごたえがない。どこかの法人格にクラウドファンディングをやってもらって、物品で入れてもらうとか、他に方法もあったようですが、そんなことも思いつきません。

ハラハラドキドキしながら、毎日金額を見ていました。

こんなときにも、さまざまなイベントを仕掛けています。三月二十一日のドリアン・

ロロブリジーダさんのトーク＆歌謡ショウ。四月一日の松本清張記念館の「桜の宴」。四月二十二日には、仲代達矢さんと無名塾の弟子たちのドキュメンタリー映画『役者として生きる』を、北九州芸術劇場で上映しています。

悲しいこともありました。

三月二十三日、奈良岡朋子さんがお亡くなりになったのです。

「**昭和館は小倉の文化財であるとともに、日本の映画人にとって故郷の場所です。この小さな映画館を一緒に守っていきましょう。皆さまのお力をお貸しください**」

うちのクラウドファンディングに、こんなにも心のこもったメッセージをいただいたばかりなのに……。

奈良岡さんが昭和館にいらっしゃったのは、二〇一七年。太平洋戦争をテーマにした特集上映で、特攻隊の生き残りを描いた『ホタル』では、高倉健と共演されていました。お亡くなりになる直前、寄付をしたいという申し出がありました。さすがに義援金の口座はお伝えできなかったのですが、クラウドファンディングのご支援をいただいていることに、あとで気がつきました。

新しい昭和館には、亡くなった方々の「想い」もこめたい。

大杉漣《れん》さん……。

言わずと知れた名優で、亡くなったのは五年前。

そのときに最後の主演作になっていたのが『グッバイエレジー』でした。オール北九州ロケで、旦過市場はもちろん、昔の昭和館も登場します。藤吉久美子さんが、わたしの館主役を演じてくれました。

うちが焼けたあと、大杉さんの奥さまから、お手紙をいただきました。そこには「大杉と相談して、お見舞いさせていただきます」と書いてありました。


四月十二日、地鎮祭。

当初の予定より、およそ二週間の遅れで、いよいよ工事がはじまります。施主は昭和土地建物ですから、今井社長が中心。タムタムデザインの田村さん、施工会社ATSの佐々木和子社長、うちの父と直樹も参加しています。

手水《ちょうず》の儀からはじまって、穢《けが》れを祓《はら》い、祭壇に神さまをお招きし、お供え……と、厳粛な儀式が進みます。

祝詞《のりと》をあげて、四方を清めてから、地鎮の儀をおこないます。

今井社長が鎌をつかって、わたしたち家族三代が「エイッ、エイッ」と鍬《くわ》を入れます。さらにタムタムさんが鋤《すき》を、最後に施工会社が杭を打ちこむ……。

北九州市長の武内和久さん、市の文化局長、旦過市場商店街の黒瀬善裕会長など、みなさまが集まっています。

玉串を捧げたあと、武内市長の挨拶では、小倉織の式辞台紙を持って、昭和館は「このまちの文化だ」とおっしゃいました。今井社長は用意したメモを握りしめて、訥々《とつとつ》と想いを語ってくださいます。

わたしは最後に「感謝しかありません」と申し上げました。メモを用意するとしゃべれなくなるので、正直に胸のうちを語ります。

今井社長のご決断は、昭和館のためだけではありません。旦過地区のため、このまちのため、このまちの文化のため、決断してくださったこと。その想いを一緒に受け止めて、これからも努めてまいりますと話しました。

ここでやめればよかったのですが、メディアの方々にも、お礼を申し上げます。

火災の日からずっと、わたしの姿を追っていただきました。心配してくださる市民のみなさまに、樋口がどうしているかを伝えていただきました。

そのおかげで、みなさまからご支援をいただきました。

これから昭和館は、ゼロから立ち上がります。楽しいことばかりです。こんな機会はありませんので、どうか、わたしたちのようすを見ていただいて、みなさまにお伝えください……。

この日は「地鎮祭、小倉昭和館」の紅白饅頭を、湖月堂さんに用意してもらって、関係者やメディアの方々にお配りしました。

たくさんつくったのに足りなくて、もっとほしいという父のために、追加で注文しています。

まだ、昭和館の瓦礫があった頃……。

神さまに、天に上がっていただく儀式をしました。

古い建物が燃えて、神棚が燃えて……。うちから神さまがいなくなったのがつらくて、あのときに一度だけ、わたしは嗚咽《おえつ》しています。父も肩を震わせていたそうです。

神さまはもどってくださるのでしょうか。

若い人たちに浸透していない

「クラファン」って、なんだろう？

もちろん、クラウドファンディングのことですが、もうひとつ、しっくりきません。

うちにお金がないことを知っているリリーさんから、ＣＡＭＰＦＩＲＥという運営会社を紹介されて、実際にクラファンを立ち上げるまで慌ただしく過ぎていきました。挨拶文や紹介文を書いたり、応援メッセージを頼んだり、返礼品を考えたり……。リリーさんの「おでんくん」のイラストで、かわいいエコバッグもつくりました。

クラファンは「参加」するものなのだそうです。ＣＡＭＰＦＩＲＥのプロジェクト紹介ページには「挑戦しませんか？」と書いてありました。

うちは年配のお客さまが多いので、「よくわからないよ」と言われます。わたしもそうですが、ウェブ環境に弱い。シネマパスポートを発行したときも、手渡しか、郵便局の振り込みでお願いしていました。

本音を言えば、返礼品や手数料のことを考えると、義援金に寄付してくださるほうがありがたい。「もう入れちゃったよ」とおっしゃった常連さんは、旦過市場のクラウドファンディングと勘違いされていました。

小倉昭和館のクラファンを知ってもらいたくて、チラシをつくりました。五千枚です。

四月から事務所に帰ってきた直樹は、

「なんでこんなにつくったの？」

とあきれています。

チラシはイラストで、デザイナーの岡崎友則さんにお願いしました。ＣＡＭＰＦＩＲＥのフロントページは、在りし日の昭和館と火事の写真を重ね合わせているのですが、岡崎さんのイラストは「昭和館①②」のネオンが中心で、あたたかい感じの色合いでした。見比べてみると、こちらのほうがずっといい。

四月十二日の地鎮祭のあと、若いクリエイターに集まってもらいました。

わたしはお願いします。

「クラファンの告知が、届いていない気がするんです。うちのファン層では無理かもしれないので、力を貸してください」

タムタムの田村さん、デザイナーの岡崎さんをはじめ、福岡映画部の石渡《いしわたり》麻美さん、家守舎《やもり》の遠矢弘毅さん、合同会社ポルトの菊池勇太さん、三角形の福岡佐知子さん、三声舎の三好剛平さん、旦過市場の広報、シネクラブサポート会にも入ってもらいます。

若い人とわたしは、考え方がちがいます。

それはわかっているのですが、次を目指したい。映画館は次の世代とつながっていくものだから、自分たちが一緒につくるんだという意識を持ってほしかったのです。

SNSの告知に共通のハッシュタグをつけようとか、チラシを飲食店に配ろうとか、さまざまな意見をいただきました。

夜の食事会が、キックオフの決起集会になります。

このとき、クラファンの期間は、四十日の半分以上が過ぎていたのですが……。

四月十四日に工事がはじまって、新聞やテレビでも、うちのようすがどんどん伝えられています。

クラファンの参加者には、著名人の名前もありました。

作家の平野啓一郎さん、映画監督の西川美和さん、塚本晋也さん、斎藤工さん……。

三浦春馬さんのファンクラブの方々や、わたしが大昔に働いていた会社の社長さんなど、幅広い方々からご支援をいただいています。お名前とメッセージだけで判断しているので、大事な人を見逃しているかもしれません。

『この世界の片隅に』の片渕須直監督は、うちの再建工事がはじまったのを見て、

「映画館が復活する。感激の光景です」

とメッセージを出してくれました。

あの映画は、のんさんの声の演技が素晴らしくて、うちでは上映のたびに、すすり泣く声がもれていました。片渕監督がきてくれたときには、登場人物たちが戦時中に食べていた「楠公飯《なんこうめし》」のお弁当を、お客さまに食べてもらったのも、懐かしい思い出になっています。


直樹が心配したように、チラシは大量に余りそうでした。わたしは貧乏性なので、無駄にしたくない。

雑誌『キネマ旬報』の巻末に、招待券をプレゼントしている映画館のリストがあります。住所と電話番号も掲載されているので、チラシ設置のお願いの手紙を送りました。

「コミュニティシネマセンター」というミニシアターの団体に頼んだり、小倉のシネコンにも足を運んだり……。

わたしがこんなに動くのはどうかなと思うのですが、若い人たちに浸透していないという現実があります。人まかせではダメで、自分ができることをやるしかない。効果はあったのでしょうか。わかりません。

昭和館とクラウドファンディングは、つながらないと思っていました。昔ながらのファンにとっては青天の霹靂《へきれき》なのです。わたしとしても、新しく知ってくれた人たちに参加してほしいと、それだけを望んでいたわけではありません。

うちのように火災にあったところが、それでも立ち上がろうとして、あがいている姿を見てほしかった。

四月二十二日には、藤野さんとふたりで、大阪の『鶴瓶噺《ばなし》』に行きました。

鶴瓶師匠から、元気と力をいただいたのですが、わたしがいろいろとあせっているのに気がついたのかもしれません。

「順番に、順番に」

と、師匠はさとしてくれました。

やるべきことはたくさんあります。優先順位をつけて、動き続けよう……。

四月二十五日。

残り五日で、クラファンの目標金額三千万円を達成しました。うれしかったのですが、よろこんでばかりもいられない。

すぐに計算したのは、手元にいくら残るか。館内設備の費用は一億円に迫りそうで、ここでストップしないでほしい。

目標金額が集まったのに、それ以上を求めるなんて、「欲深いと思われる」と、直樹に言われました。それはわかっているけれど、欲深いと思われないような言い回しはどうなのかと考えたほうがいい。

クラファンの勢いは、止まりません。

四月三十日。

朝十時から、福岡のＦＭ放送局「ラブエフエム」に呼ばれて、最後のお願いをします。西日本新聞には、光石研主演の『映画の街・北九州』が、釜山短編映画祭で上映されたという記事が掲載されていました。

十一時五十九分まで、待ち続けます。ドキドキしながら数字を見ていました。四千万円を超えました。

四千二十七万六千四百四十四円。

北海道から沖縄までの四十七都道府県と海外から、二千二百六十四人が参加してくれました。思わずパソコンに、手を合わせます。

ただちに、お礼のメッセージを出しました。

「義援金とあわせて、大切に再建のために使用させて頂きます」

多事多難の日々

ゴールデンウイークは大雨で、どこへも行けませんでした。

クラファンの締め切りを四月三十日にしたのは、みんなが連休でお金を使ってしまう前に……と思ったのですが、何が正解だったのでしょうか。

工事は、はじまっています。子ども食堂など、決まっていないことも多く、さまざまな見積もりの金額も増えています。

うちの再建が社会現象みたいになったので、協力したいとお声がけしてくださる方々も多いのです。交通整理が必要で、ひとつずつ順番に、対応させていただきました。

高価な映写機や音響設備など、ありがたいご支援もあるのですが、ジーベックスの担当者に遠くまで同行してもらって、「申し訳ないけれど、使えません」とご返事することもありました。

型が古かったり、うちで使うには大きすぎたり……。

みなさまが心配してくださるのはありがたい。うちの再建の役に立ちたいと思ってくださるのもうれしいのですが、マッチするかどうかは、とても難しい。

クラウドファンディングの目標金額を達成したことで、うちにお金があると思われるようになりました。

見積もりを公開していますが、全然足りません。クラファンの手数料や返礼品、さらに税金を考えたら、うちは多額の借金を背負うことになります。

映画館で儲けようと思っているわけではないのですが、なんとかゼロからはじめたい。タムタムの田村さんは、最高のものをつくりたい。これだけ注目されているので、当然だと思います。

それって最適なのかなと、わたしは考えてしまう。最高と最適はちがいます。

シートは一緒に見に行ったので、イメージを共有できています。メーカーさんと交渉して、最初の金額から値引きしてもらいました。

電気や照明など、田村さんの心づもりはそれぞれにあるのですが、わたしは「はい」とは言えない。

コストの問題もあるので、比較検討したい。こちらの注文が多すぎるのかもしれません。

みなさまからあずかった資金なので、要求も厳しくなります。値引き交渉もしつこいので、業者を困らせているようです。

たとえば、空調が「二千万円」と言われたときには、腰を抜かしました。うちの公開した見積もりでは「四百万円」です。せめて内装込みかと思ったら、これも別に「プラスで一千万円」かかるのだとか。支出が三千万円近く増えたわけです。

いつものように、経理を手伝っている長男の勇樹から怒られました。ちょっと脚色もありますが、こんな会話になっています。

「ダメだよ。ひとつひとつ精査しなきゃ。空調もそうだし、映写機だって、ランクを落とせなかったの？」

「そんなの無理よ。メーカーにまかせてるし」

「これじゃなきゃダメっていうのは、あるの？」

「わかんないよ。使うのは直樹だし、技術的なことはプロを信用して、まかせるしかないでしょ」

「そんなの経営者失格じゃん」

「いや、ちゃんと他のメーカーの見積もりもとってるし、値引きもやってるし……」

「で、いくら足りないんだよ」

「これについては、五百万とか」

「五百万って、かんたんに言うなよ。銀行に融資してもらったら」

「それはイヤ。ゼロからはじめたいの」

「どうすんだよ」

「わからない」

「わからないで、すませんなよ」

「じゃ、わたしが五百万、つくればいいの……」

それがダメなんだと、長男から激怒されます。「経理を降りる」とまで言われました。

わからなければ、わかるように勉強すべきだろうという話で、ごもっともと思いました。

経営者失格なのです。

長男の怒りは、おさまりません。

「やめるなら、いまだぞ」

「そんなの、できるわけないやん」

基礎工事もはじまっています。無理を言わないでほしい。

最終的には「いまから努力します」と、わたしが折れる感じになりました。長男の言うことは正論なので、家族だからこそ「ちゃんとしろ」と言ってくれるのだと反省はしました。


スクラップ・アンド・ビルド。

創造的破壊というのは、おそろしい言葉です。壊れたことで、つくられるのだから、つくられることで、壊れるものもある。

どういうわけか、左手のふるえが止まらなくなりました。いつもの病院で健康診断を受けようとしたら、予約は来年一月までいっぱいなのだとか。

脳神経外科を受けたら、脳神経内科にまわされて、そこの若い先生からは「緊張ですね」と言われます。

わたしはあんまり緊張することないんですけど……と言ったら、「わたしも最初の手術の頃、緊張していました」って、若い人とはちがうんだよ……。精神安定剤を処方されたのですが、こんなクスリいらない。いまのところ、左手なので不便は少ないけれど、右手がふるえたら、文字を書けなくなるので困ります。

もちろん、不安はあります。映画館の再建という無謀なことにチャレンジしているのだから、工事関係者も、うちのスタッフも、家族も、能天気でいられるわけがない。

昭和館PRESENTSのイベントも続けています。

五月二十日は、安倍元首相の政治の本質に迫るようなドキュメンタリー映画『妖怪の孫』と、内山雄人《たけと》監督のトーク。六月十日は、うちを含めた全国ミニシアターをまわったロードムービー『あなたの微笑み』と短編『映画の街・北九州』で、KFCの上田秀栄さんのトーク。

いずれも北方シネマで、直樹はもちろん、休みの日には夫にもきてもらいました。わたしは売り子になったし、藤野さんたちもボランティアとして手伝ってくれます。募金もお願いしました。

費用対効果はどうなのでしょうか。売り上げは微々たるものです。経営者として考えたら、やらなくていいという判断になるかもしれません。そのほうが賢明かもしれない。

それでも鶴瓶さんの言葉を思い出します。

「……何もしなければ、石になってしまう」

すごい赤字にならなければ、続けることも大事なのだと信じています。昭和館のことを初めて知ったり、思い出してくれるような人が、ちょっとでも増えてほしい。

運営に不具合やトラブルがあったとしても、いまのわたしたちの現状を知ることができます。自分に足りないものがわかるのです。

七月八日には北九州芸術劇場で、桂竹丸師匠の落語をやります。去年の八月十三日にやるはずだった「平和への想い」のイベント。

創業記念日には、旦過市場と組んで、無料上映会を企画します。去年は『ＳＩＮＧ／シング：ネクストステージ』を上映するつもりでした。

ほんとうは屋外でやりたいけれど、日本の夏は暑すぎます。大雨が降るかもしれない。夏祭りや夜市みたいな出店もいいかな。子どもたちがよろこんでくれるかな……。

こんな想像をしているとき、わたしは最高に幸せなのです。

八月二十日は、父の九十歳の誕生日。

新しい昭和館が完成する前に、卒寿のお祝いをしよう。ささやかなサプライズパーティーをひらこうと思っていたら……。

父が倒れました。コロナでした。

これが遺言なの？

寝込んで苦しんでいる父を見て、母も動揺しています。わたしも両親に付き添いながら、仕事をこなしていました。

夏になるまでは雨の日も多く、せっかく再建するのに気持ちがふさぎこんでしまいそうです。

父との思い出は、いつもケンカばかり。

小学生のわたしは『ポパイ』のオリーブのバッグを持って、父の映画館に通っていました。母が幼い弟の世話をしているので、銀行に行くのもついていきます。

中学生のとき、アメリカへの短期留学を許してほしくて、父に手紙を書きました。大学で東京に行くのも反対されて、青学の短大しか許してもらえません。自分は高倉健と同じ、明治大学のくせに。

外では女性に優しい父ですが、妻と娘には厳しい人でした。

結婚して福岡市で暮らしたあと、父の大病がきっかけで、小倉にもどりました。何十年も赤字続きの昭和館を引き継いでからも、おたがいの意見は嚙み合いません。

今度こそは、復活の夢を、父に見届けてもらいたい。

高熱はクスリで下がりました。それでも咳が残ります。前に肋膜炎をやっているので、肺に影があるのも心配でした。咳は別のクスリでおさまったのですが、湿疹が出るので、かゆみに耐えられない。

父はお酒をやめました。あんなに好きで毎日飲んでいたのに、ノンアルコールビールで我慢します。

外に出かけなくなったら、背中が丸くなりました。歩けるようになっても、ヨロヨロしています。あんまり食べられなくなって、やせてしまって、

「あと一年、いけるかな」

と本人はうそぶいています。再建を見届けたくて、そのためにお酒をやめているのでしょう。

ある日、急に呼び出されました。

何を言われるのかと思ったら、お説教です。みんなのお金をあずかっているのだから、神経を使って、きちんとしなければいけない。わたしの服装のことも、派手な格好をしてはいけないと……。

いったい何を見ているのでしょうか。わかっているのかな。

わたしの服は時代遅れで、結婚前に買った紺のジャケットも着ています。派手なアクセサリーもつけていません。

再建が決まって浮かれているのは、父です。新しいスーツを井筒屋さんで買って、新品の靴と合わせちゃって。

経理をまかせている長男のことも……。

昭和館の経営に口出しすることを、父は反対していたのに、「厳しく言ってもらえてよかったじゃないか」と、急に孫の肩を持つのです。

元気を取りもどしたようで、わたしはホッとしました。

やっぱり、父には復活を見届けてほしい。

でも、どうなんだろう。

父がいなくても、経営を続けられるのでしょうか。

仲代達矢さんは、わたしがいるところが昭和館だと言ってくれました。復活したあとはどうなるんだろう。

父がいなくても、大丈夫なの？

わたしがいなくても、小倉昭和館を続けていくには、どうしたらいいんだろう。

光石研シートをつくったとき、座席数を減らしたら、父に猛反対されました。今度は百三十四席しかありません。設備は新しくなっても、貸し館料は下がります。

映画館にとって、座席数は力なのだと、父に教えられました。

それでも、あきらめたくない。

計算はできないけれど、祖父や父と同じく、まちの人たちのよろこぶ顔が見たい。

みんなに頭をさげて、わたしは動き続けます。

安川電機やＴＯＴＯなど、北九州の大きな企業に寄付を求めてまわりました。第一交通産業、フジコー、新ケミカル商事……など、アポをとって訪問すると、「ひとりでくるのは珍しいですね」と言われます。

ひとりじゃありません。

応援してくださる人たちがいます。

クラウドファンディングに、二千二百人以上。署名に、一万七千筆以上。みなさまが参加してくれました。たくさんの映画人も、昭和館の再建に、希望をもってくれています。

さまざまな問題は、次から次へとやってきます。

パブリックスペースの活用方法は、なかなか決まりません。もっと座席数を増やせばよかったのにと、あきれられることもあります。内装の工事期限は迫っているし、先立つものも不安です。

新しい映画館のエントランスのところに、古い電柱が立っています。お客さまの出入りを妨げるのですが、九州電力送配電の協力で移動してくれることになりました。

新しいネオン看板の名称も決まりません。

リリーさんが残してくれた古いネオンを修復して使うことになったのですが、候補が四つありました。

・昭和館　（この名称は、小倉以外にもあります）

・小倉昭和館　（文字数が増えるので、コストがかかる）
・続昭和館　（リリーさんは、これをすすめている）
・昭和館③　（デザインの田村さんは、これを希望）

新名称はこの四択から選んでもらって、ファンの投票で決めることになったのです。

七月八日には北九州芸術劇場で、昭和館ＰＲＥＳＥＮＴＳ特別企画第九弾『桂竹丸落語会』をひらきました。

平和への想いをこめて、竹丸師匠は創作落語『ホタルの母』を演じます。鹿児島知覧の特攻隊員を、母のように支えた鳥濱トメさんの噺でした。さらに古典落語『代脈』で、笑わせてもらいます。

特別ゲストは、九十四歳の篠原守さん。篠原さんは「人間魚雷」と呼ばれた日本海軍伏龍特攻隊の生き残りで、ハーモニカ演奏が胸に響きます。

あの日の火事で実現できなかったイベントを、ようやく無事にお届けすることができました。

北九州国際映画祭のオープニングアクトが決まりました。

二〇二三年十二月十三日、北九州芸術劇場。阪東妻三郎主演の『無法松の一生』で、戦時中に小倉でつくられた不朽の名作です。

原作者の岩下俊作は、生まれも育ちも小倉で、八幡製鉄所で働きながら小説を書いていました。

舞台は、明治時代の小倉。「無法松」と呼ばれる車引きの松五郎は、ケンカっぱやい荒くれ者だけど、心根のやさしい男。

泣き虫の少年と帝国軍人の未亡人を、松五郎は献身的に支えます。クライマックスでは立派な学生になった少年に、諸肌を脱いだ松五郎がやぐらに駆けのぼって「これが祇園太鼓の乱れ打ちじゃ！」と太鼓を打ち鳴らします。

大ヒットした小説と映画で、小倉の祇園祭は全国的に有名になりました。

監督は稲垣浩、撮影は宮川一夫、脚本は伊丹万作。当代最高のスタア阪妻こと阪東妻三郎の当たり役で、美しい未亡人は広島で被爆死した園井恵子、子役を長門裕之が演じています。地元のたくさんの人たちが、エキストラとして参加しました。

戦局が苦しくなって「これが最後かな」とがんばったスタッフの心意気が、奇跡のような大作をつくりあげたのです。

検閲の憂き目にもあいました。

学はなくとも真面目に生きていた松五郎は、未亡人に淡い恋慕の情を抱きます。胸に秘めた想いをふともらしたセリフが「車引きの分際でけしからん」と内務省によってカットされたのです。さらに戦後の再封切りでは、日露戦争の祝勝ムードの場面などが、GHQにハサミを入れられました。

それでも松五郎の一途な想いは、観客に伝わったのです。

この映画を観たあとに戦争で死んだ若者の言葉が、『きけわだつみのこえ』に残されています。

「入営前の心境であったためか、妙に印象が深い。阪妻の熱演によるためか。近来の映画中傑作の一つとして見ることができた。思い出ふかいものとして残るであろう……」

祖父の樋口勇も、父の樋口昭正も、きっと万感の想いで、スクリーンを見つめていました。

どん底も、悪くなかった

今年の夏も、暑い……。

新しい昭和館は、旦過市場の同じ場所に建築しています。

まちの人たちの声を聞いたところ、新しいネオン看板の名称は、「小倉昭和館」が千五百票のうち半数以上を占める勢いでした。

いまは炎天下の最中ですが、十二月の開業にむけて工事は急ピッチで進んでいます。

大雨で二日間ストップしましたが、紫川があふれることはありませんでした。

わたしが小倉にもどってから、昭和館は二回浸水しています。

昭和二十八（一九五三）年の北九州大水害では、関門海峡のトンネルが水没しました。うちは大丈夫でしたが、まちの被害は甚大でした。

祖父と親しかった片岡千恵蔵さんが心配して、京都から電話をくれました。すぐに四条河原町の街頭に立って、募金を集めてくれたのです。祖父が亡くなったときには、千恵蔵さんが大きなお花をくださったのを、わたしもおぼえています。

開館まで、およそ三か月半。

オープニング上映作品はどうしよう。

パブリックスペースは、どうすればいいんでしょう。

リリーさんと相談していますが、子ども食堂か、ジジババ食堂か、なんにも決まっていません。オープンしたからといって、どんな人がきてくれるのか、わからないし、誰もきてくれないかもしれない。

夜をバーにするのであれば、わたしは一日中、働き続けなければなりません。

「ニュー・シネマ・カフェ」

こんな名称もいいかな……と思いついたのですが。

映画館の内装が完成して、映写や音響を入れたとして、そこからの調整も必要です。ジーベックスの担当者によると、安定するまで一か月かかるらしい。

工事が予定通りに十一月いっぱいで終わるとして、みなさまに満足してもらえるのは、いつになるのか。

「順番に、順番に」

と、鶴瓶さんの魔法の呪文をとなえます。

毎月一度の昭和館ＰＲＥＳＥＮＴＳは決めています。九月は『シーナ&ロケッツ鮎川誠　ロックと家族の絆』を芸術劇場で、十月は宗像ユリックスとのコラボで大森くみこさんの活弁上映会を企画しています。

十一月には小倉城に、平成中村座がやってきます。

歌舞伎の休演日に、勘九郎さんと七之助さんのおとうさま、中村勘三郎さんの映画と、おふたりのトークで、小倉昭和館の再建を盛り上げてくれます。旦過市場とうちに売上げを寄付してくださるのだとか。

こけら落としは無事に迎えられるのでしょうか。新しい昭和館を、どうやって盛り上げていこう。

十二月からは家賃を払わなきゃいけないし、家族や藤野さんたちに協力してもらえるとしても、新しいスタッフを頼まなきゃ……。

北九州国際映画祭の実行委員会からは十二月十四日から四日間、青山真治監督の作品上映をお願いされています。『ＥＵＲＥＫＡ（ユリイカ）』（役所広司主演）『共喰い』（菅田将暉主演）『東京公園』（三浦春馬主演）など、世界的に評価されている作品です。

青山さんは北九州出身で、昭和館と縁が深かったのですが、二〇二二年三月二十一日に亡くなりました。五十七歳でした。早逝が惜しまれます。

雨で完成が遅れませんように。


いい映画って、たくさんありますよね。

是枝裕和監督、坂元裕二脚本の『怪物』がすごいと、映画評論家の川本三郎先生から聞いています。ジブリの宮﨑駿監督の『君たちはどう生きるか』も、忘れられない映画になりそうです。どちらも傑作で、奇遇にも「火事」のシーンからはじまります。家族の物語でもあります。

オール北九州ロケで製作された光石研主演の『逃げきれた夢』は、カンヌ国際映画祭でも絶賛されました。

この夏は『インディ・ジョーンズ』と『ミッション：インポッシブル』の最新作もあるし、『キングダム』や『バービー』も話題になっているし、ディズニー＆ピクサーの『マイ・エレメント』も……。

見られなかった映画も、たくさんあります。これから出会う映画もきっとあります。

三年前に亡くなった佐々部清監督がおっしゃっていました。

「映画がなくても生きていけるけれど、映画のある人生というのは豊かだ……」

わたしが映画を上映するときには、大切におあずかりするという想いがあります。この作品を選んで、上映させていただいて、みなさまにお届けしますという気持ちをこめます。

新しい昭和館が完成したら……。

父の観てほしい映画は、『砂の器』になりました。

昭和四十九年、西暦では一九七四年の公開。原作はもちろん松本清張、監督は野村芳太郎で、脚本は橋本忍を中心に、山田洋次も手伝っています。主役の刑事役が丹波哲郎で、犯人役が加藤剛。あのころの俳優には、圧倒的な色気がありました。

「清張さんの着眼点って、普通の発想じゃないんだよね」

と父は言います。いわゆる東北弁と山陰の山奥で使われている言葉に、共通点があるとは……。古代史や文化人類学など、深い教養に裏打ちされた凄みがあります。

その清張さんが『砂の器』を「映画が小説を超えた」と絶賛しています。父にとっても特別な映画なのです。

「親子の放浪のシーンと、加藤嘉のおとうさんが泣けるよね。あのラスト……。そういえば、渥美清が映画館の館主役で、ちょっと出てたよね。伊勢の映画館だったかな」

映画の話は、湯水のように尽きることがありません。

八月十日。

あの日から、三百六十五日。

新しい昭和館のネオンを「小倉昭和館」にすると発表しました。

映画館のとなりにあった稲荷神社も再建される予定です。わたしたちが管理していたお賽銭の預金通帳も、奇跡的に焼け残っています。

百三十四席のシートの背中には、映画人たちの名前を刺繡で入れます。きょうはリリーさんの席、あしたは光石さんの席で、映画を楽しんでほしい。

マスコミには発表しなかったのですが、一番後ろのシートに、祖父と父の名前も入れさせてもらいます。

八月二十日には、清張さんも愛した湖月堂で、父の卒寿のお祝いをします。そこでこそっと、伝えようかな……。

八月十九日。

あの日から、三百七十四日。

きょうは昭和館にとって、八十四歳の誕生日の前夜祭。旦過市場の近く、商工貿易会館の二階に場所を借りました。

直樹は映写をチェックします。シネクラブサポート会の藤野さんや野北さんたちはもちろん、専門学校九州テクノカレッジの学生たちが手伝ってくれました。

旦過市場さんの出店もあります。米夢《マイム》マイムの「天むす」、いぶしやの「旦《たん》じゃ過《が》」、かしわや黒瀬の「から揚げ」、岩田屋の「旦過餅あられ」……。大好きな食べ物ばかりで、幸せな気分になります。わたしも売り子になりました。

『ＳＩＮＧ／シング』の無料上映会……。

この映画は、日本語吹き替え版がいい。恥ずかしがり屋のゾウのミーナを、ＭＩＳＩＡが演じます。大音響で聴くと、歌声のすばらしさがよくわかります。

劇場を再建する物語で、昔の昭和館でも上映しました。もしも火事にならなければ、去年の創業記念日には『ＳＩＮＧ２』を上映するつもりでした。

開演前の子どもたちが、スーパーボールすくいや輪投げで遊んでいます。

ちいさな少年や少女たちの姿を見ていたら、わたしは不意に『ラ・ラ・ランド』のラストシーンを思い出します。エマ・ストーンとライアン・ゴズリング……、ふたりの実現されなかった人生の映像が流れて……。

昭和館が、あの日、燃えなかったら。

父がいなくても、わたしは映画館を続けられるのか。

きっと、大丈夫。

決めた。新しい小倉昭和館のオープニング上映作品は『ニュー・シネマ・パラダイス』にしよう……。

客席が暗くなりました。

『SING／シング』がはじまります。

暗闇がざわめいて、この場所が、ひとつになる。この瞬間のために、わたしは生きています。子どもたちに楽しんでほしい。映画を好きになってほしい。祈るような気持ちになります。

スクリーンに、主人公のコアラが登場しました。名前はムーン。声は内村光良、ウッチャンですね。彼は劇場の支配人で、少年時代を思い出しています。

新しい劇場の、美しい照明。

次々と動く景色。

匂いにさえ、魅了されるのです……。

舞台に登場した歌姫が、ビートルズの名曲を歌いあげたとき、六歳だったムーン少年は、宇宙飛行士の夢を捨てるのでした。

「このときだった。すべてがはじまったのは……。どこにでもいる普通の子どもが、劇場に恋をしたのだ」

アニメーションの映像が、遥かなる記憶に重なります、ムーンと同じように、わたしは映画館の娘でした。遠い昔から、スクリーンを見つめていました。

コアラの劇場支配人が演説しています。

奇跡と魔法の世界は、普通の考えからは生まれない。彼のように「どん底に落ちるのも悪くない」と思えたら、どんなに素晴らしいでしょうか。

スクリーンの中で、わたしの代わりに、ムーンが叫んでいます。

「行き先はただひとつ、上がるだけ！」

中
ONODA
太陽の子
新型コロナ感染防止対策
取組み推進店
AUTO

2022年8月10日、昭和館②の入口（西村忠・撮影）

ちょっと長いあとがき

十月になりました。

長い夏が終わって、ようやく秋が訪れようとしています。

この本は、北九州旦過地区で発生した火災ですべてが焼失した映画館を、四百七十七日後に再建するまでの記録を「聞き書き」という形でまとめたものです。まだ工事は終わっておらず、これから何かとんでもないことが起こるかもしれませんが、このあたりで本の幕を降ろします。

ちいさな映画館の再生物語にお付き合いくださり、ありがとうございました。みなさまの応援なしに、復活の夢を見ることもできませんでした。

二〇二二年、八月十日。

祖父が興《おこ》し、父が守り抜いた八十三年もの歴史ある建物は燃えました。被災直後にツイッター（現・X）で「映画館を守ることが出来ず申し訳ございません」とメッセージを出しています。

みなさまに申し訳ない……。

あの火事の映像は、いまもネットに残っています。テレビでも流れます。あのころは見るのもつらかったのですが、わたしの影のように、いつも息子の直樹が寄り添っていました。母親が死んでしまうと思っていたのかもしれません。

映画館の経営は苦しい。わたしが館主を引き継いだとき、すでに何十年も赤字が続いていました。必死になってアイディアを出して、細かな改善に取り組みました。ずっと走り続けていました。

さまざまなご縁をいただき、直樹も一緒に映画館の運営を始めた二〇一九年に赤字を脱しています。二〇二〇年からのコロナ禍で、かなりの収入減に見舞われました。それでも負けじとペアのソファ席の設置やシネマパスポートの販売などで窮地を乗り切り、ようやく対面でのイベントも再開し、これからというときの災難でした。

ここまで読んでくだされば、ご理解いただけると思いますが、映画館なんてお金がかかるばかりで儲からないのです。わたしは計算ができない女ですが、ロマンだけで生きているわけではありません。再建が無謀であることもわかっていました。

まずシネマパスポートを返金したのは、お客さまへの責任を果たしたかったからです。昔の昭和館を、忘れないでほしかった。まちの人たちに愛された映画館の記憶を、このまま消滅させたくない。みなさまにお会いして、直接お詫びを申し上げたかった。

建物は燃えて、神棚も燃えて、何もかも瓦礫になりました。あまりにも呆然として、泣き崩れることもできませんでした。死にたいとは思いませんでしたが、生きていく意味を失っていました。

何が残ったのでしょうか。物としては、「チケット売場」の表札と、「昭和館①②」のネオン看板と……。大切に飾っていた映画人の色紙も、高倉健さんの手紙も、見つかりませんでした。

昔の昭和館の鍵を、いまも持ち歩いています。二号館のドアを開けるのは、ちょっとしたコツがありました。あのときの感触を思い出すこともあります。息子の直樹も、鍵を捨てられないのだとか。

新しい「小倉昭和館」の開業にむけて、工事は進んでいます。

高さ七メートルの建物は、同じ場所にそびえています。あの日から四百七十七日が過ぎて、二〇二三年の十二月から、営業を開始します。

百三十四席のちいさな映画館です。もとの映画館もちいさかったので、ちいさなちいさな映画館になります。シートの色は、緑になりました。シートの背面には応援してくださる映画人の名前を刺繍で入れています。今日の映画鑑賞がよりみなさまの心に残りますように……そう想いをこめて。

小倉昭和館はみなさまと一緒に作らせていただく新しいスタイルの映画館です。映画の魅力を発信する居心地の良い映画館としてだけではなく、だれもがふらりと立ち寄れる、止まり木のような集いの場を目指します。パブリックスペースの詳細はまだ決まっていませんが、子どもが遊びにきても安心だし、大人たちがゆったりと長居できるように、リリー・フランキーさんが全面的に支援してくれます。

外壁の一部は、外から見られるようにガラス張りで、映画館受付の後の壁には、火事で燃えた「昭和館①②」のネオン看板を修復して光らせます。夜になったら、パブリックスペースの雰囲気はがらりと変わります。外には新しい「小倉昭和館」のネオンが灯ります。

昭和館の名物も、復活します。

うちのお客さまに愛されてきた豆香洞《とうかどう》のコーヒーは、焙煎《ばいせん》技術を競う世界大会で優勝経験のある後藤直紀さんが、昭和館の昔ながらの懐かしさをイメージしてつくってくれた特製ブレンドです。ほろ苦さを楽しんでください。シュガーレイの「幸運を呼ぶポップコーン」、障碍者自立支援の「シネマキャラメル」、VISAVISの「美人マドレーヌ」、パストラルのアイスクリーム……など、おなじみの味もお届けします。わたしは売り子になるので、どしどし声をかけてくださいね。

うちの近所には、旦過市場があります。大正時代から百年以上、わたしたちの暮らしを支えてくれました。二度の火災による大きな被害から、再整備も進んでいますが、完全復興にはまだまだ時間がかかります。一緒に協力して進めていきます。

十二月になって、工事が完成したら……。

お客さまはきてくれるのでしょうか。誰もきてくれないんじゃないかと不安になることもあります。一度ぐらいは興味本位で訪れても、二度三度と、足を運んでもらえるのでしょうか。

映画館の閉館が続いています。

岩波ホールのあとも、テアトル梅田、飯田橋のギンレイホール、渋谷TOEI、札幌の札東映画劇場。名古屋シネマテーク……。この九月末には京都みなみ会館、来年一月末には吉祥寺プラザ……。

福岡市の中洲大洋映画劇場は、二〇二四年三月末に閉館します。ショックでした。福岡県ではうちの次に古い映画館で、昭和二十一（一九四六）年からの歴史があります。単館系映画館の運命は、風前の灯火《ともしび》なのです。

これも時代の流れなのでしょう。

昭和館の古い建物があった頃から、それを否応なしに実感させられていたわたしは、あの火事ですべて燃えてしまったのは、神さまの見事な幕引きだったのかもしれないと思ってしまいます。それなのに再建したのですから、せっかく幕を降ろしたのに、余計なことをしたんじゃないかと怒られてしまいそうな気もします。

昭和館の再建にむけて、最初に動いてくれたのは父でした。

コロナにかかってから、父はだいぶ弱ってしまって、食事の量は減っています。出歩くことも少なくなりました。人生で初めての禁酒は長く続きませんでしたが、昔のように飲めなくなっています。

もう九十歳ですから。

うるさいこともありますが、父がいなかったら、ひとりで映画館を背負えるのでしょうか。わたしがやるしかないのですが……。

何十年もの間、父は映画館を守りました。映画の最盛期、この北九州で百館以上の映画館があったのに、二〇〇四年には北九州ではシネコン以外で「最後の一館」になっています。それからも赤字続きで、とっくにつぶれてもおかしくありませんでした。

ここまで昭和館を残してきたのは、父の功績でした。

父の具合が悪くなって寝ているとき、わたしは語りかけました。おじいちゃんがほめてくれるよ、と……。初代館主の祖父は「ようやったな」と、二代目の息子に声をかけてくれるのではないでしょうか。

わたしは希《ねが》います。

新しい小倉昭和館を見届けて、元気になってほしい。

たくさんの方々が応援してくださいました。わたしの駄目なところを見抜いて、ここまで導いてくれたのだと思います。

お金はありませんが、人との出会いには恵まれています。

作家では『復讐するは我にあり』の佐木隆三さん、『蜩ノ記《ひぐらし》』の葉室麟《はむろりん》さん。おふたりとも直木賞作家で、北九州とのゆかりがありました。忘れられません。

村田喜代子さんは、わたしが最も尊敬する作家です。

福岡県八幡市（現・北九州市）の生まれで、中学卒業後に映画のシナリオライターを目指して、映画館に就職しています。結婚後に小説を書きはじめて、『鍋の中』で芥川賞を受賞しました。この小説は、黒澤明監督の『八月の狂詩曲《ラプソディー》』の原作になっています。日本を代表する作家のひとりです。

うちが火事になったとき、村田先生は文藝春秋の担当編集者を紹介してくださいました。その編集者は村田先生から「樋口さんをはげましてほしい」と言われていたそうです。小倉の聘珍樓《へいちんろう》で、三人でランチをしました。焼け跡に積み上がった瓦礫も、一緒に見てもらいました。

次にお目にかかったときには、昭和館を再建しても、再建しなくても、「本をつくりましょう」と約束しています。

わたしは月に一度、昭和館PRESENTSのイベントを続けました。新しい会社を立ち上げて社長になりました。クラウドファンディング以外にも、たくさんの企業や個人からも義援金をいただいています。シネクラブサポート会のボランティアをはじめ、さまざまな方々に助けてもらいました。

そして家主である昭和土地建物の今井社長が、再建を決断してくださいました……。

この一年間の出来事を、その都度、文章にまとめてもらいました。忘れてしまったこともあります。こんなことを言ったかな……と思うこともあるのですが、嘘はないはずです。

村田先生のおかげで、昔の昭和館を、本という形に残すことができました。懐かしい写真も掲載してもらいました。この本には、三代目館主のありのままの姿が書かれています。

クラウドファンディングを始める際に村田先生に寄せていただいた文章を、ご紹介させてください。

「映画館の懐かしい暗さを思うことがある。明るいばかりが良いわけじゃない。たとえば安らかな母の胎内。心がほどける場所。見知らぬ人同士が分かち合えるみんなの映画の館。地域に一つそんな大切な場所があったらいいなと思う。

今年のクリスマス・イブは新築成った昭和館に集まりたい。そんな夢を早く実現させるため、樋口智巳さんに応援します」

二〇二三年十二月、「小倉昭和館」は復活します。

オープニングの上映作品は『ニュー・シネマ・パラダイス』の予定です。

わたしは映画の可能性を信じています。映画作品を大切にお預かりして、みなさまにお届けする映画館の役割は、唯一無二であると実感してきました。

時には百人以上の見ず知らずの人と暗闇を共有し、おもしろい、悲しい、うれしい、歯がゆい、そんな感情が伝播して、大きなうねりとなり躍動する、劇場が湧く瞬間……。

素晴らしい映画によって、わたしたちの人生は彩られています。

映画館の暗闇にいると、感情が何倍にもふくれあがります。おもしろいときも、つまらないときも、悲しいときも、うれしいときも、馬鹿馬鹿しさに笑い続けるときも、あまりの難解さに頭を抱えるときも……。

うまく説明できませんが、映画館は最高の何かなのです。

わたしは映画館の娘でした。もしかしたら、映画館のスクリーンの向こう側に、この世界の現実があると思っているのかもしれません。

高倉健さんの手紙にも書いてありました。

「夢を見ているだけではどうにもならない現実問題。どうぞ、日々生かされている感謝を忘れずに、自分に嘘のない充実した時間を過ごされて下さい」

こんなに怖くて、こんなに不安で、わたしはこの先の未来に小倉昭和館をずっと残していけるのでしょうか。夢を見ているだけじゃないでしょうか……。

わたしはひとりではないから、きっと大丈夫。

支えて下さる多くの方々が一緒です。

この一年は、とくに感情が増幅されていました。お詫びの涙が感謝の涙になり、たくさん迷って、たくさん悩んで、それでもブレないように、さまざまな苦難にへこたれながら、何度も何度も立ち上がりました。

どんな暗闇にいて、道に迷っても、どこかに光を感じながら、はかない未来を探っていました。

ちいさい頃に夢中になった『風と共に去りぬ』のスカーレット・オハラのように、地面に這いつくばったら、土を握りしめて、死ぬまで何度でも立ち上がります。

小倉昭和館・館主
樋口智巳

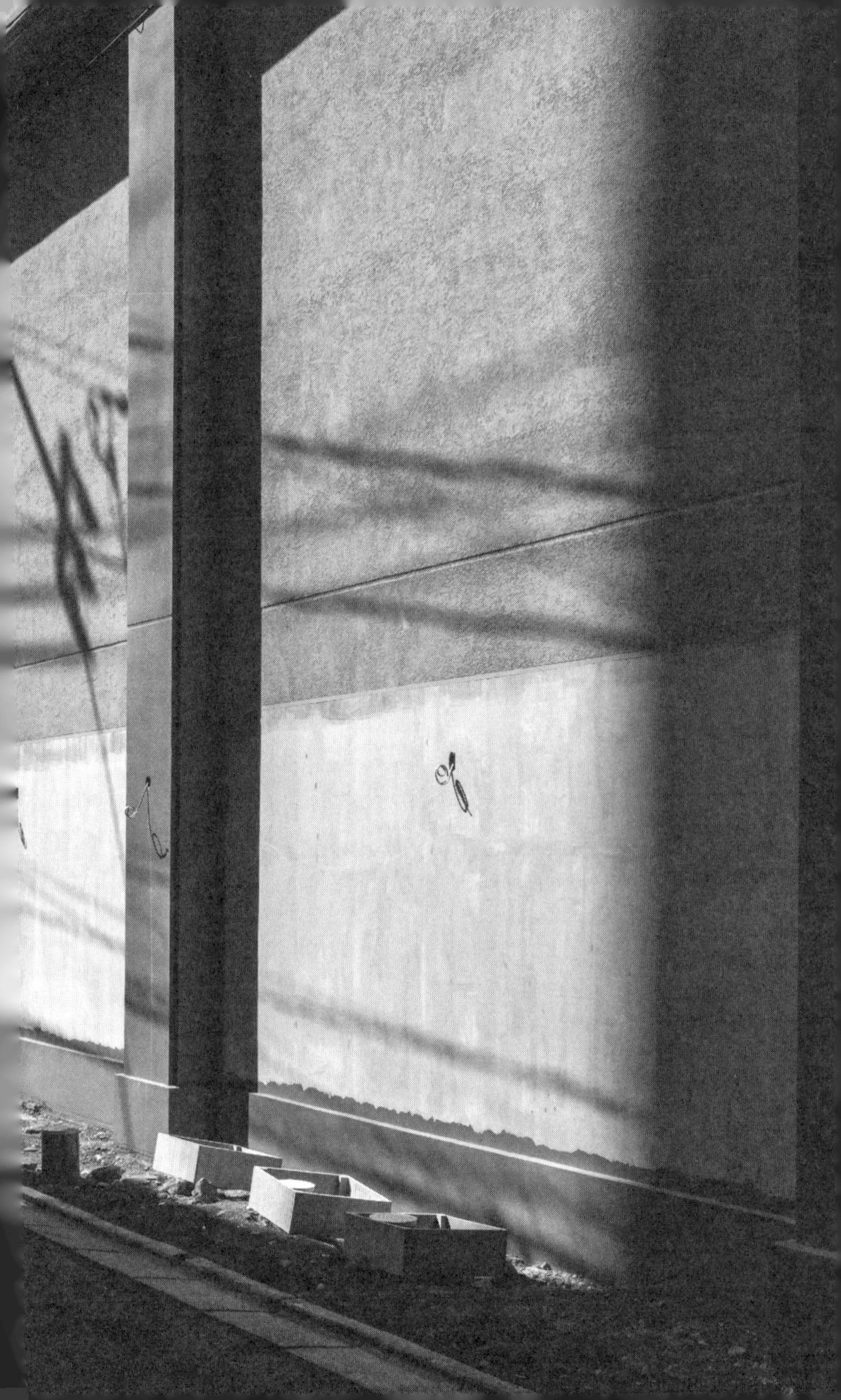

2023年10月15日、小倉昭和館の外観（西村忠・撮影）

多謝

この本を出版するにあたり多くの方々にご協力いただきました。

村田喜代子さま　田中慎弥さま　川本三郎さま　奈良岡朋子さま
仲代達矢さま　栗原小巻さま　リリー・フランキーさま　光石研さま
笑福亭鶴瓶さま　岩松了さま　片桐はいりさま　玉井行人さま
上田秀栄さま　シネクラブサポート会のみなさま
根気強く昭和館への深い愛情で本をまとめてくださった
文藝春秋・山田憲和さま

そして小倉昭和館をご支援くださるすべてのみなさまに
心より御礼申し上げます。ありがとうございました。

小倉昭和館　座席リスト

青山真治　4列・8番
秋吉久美子　9列・7番
鮎川誠　4列・7番
有馬稲子　5列・9番
池松壮亮　8列・8番
岩松了　8列・11番
江口カン　4列・10番
大杉漣　8列・5番
片桐はいり　8列・3番
川本三郎　6列・10番
草刈正雄　9列・3番
國村隼　3列・9番
栗原小巻　5列・3番
黒田征太郎　7列・4番
是枝裕和　4列・3番
雑賀俊朗　7列・6番
斎藤工　10列・10番
山時聡真　2列・1番
笑福亭鶴瓶　10列・4番
白石和彌　4列・11番
タナダユキ　7列・7番
塚本晋也　7列・10番
仲代達矢　5列・8番
中村勘九郎　6列・9番
中村七之助　2列・7番
奈良岡朋子　5列・7番
西川美和　7列・8番
樋口真嗣　1列・7番
平野啓一郎　6列・6番
平山秀幸　4列・5番
細田守　7列・1番
町田そのこ　6列・11番
松居大悟　8列・7番
光石研　8列・4番
村田喜代子　6列・8番
吉本実憂　9列・11番
リリー・フランキー　10列・7番
山根真吾　10列・3番

樋口勇　11列・13番
樋口昭正　11列・12番

小倉昭和館　復興義援金口座

北九州銀行　本店営業部（店番116）
普通　口座番号5286977
口座名義　小倉昭和館株式会社
（コクラショウワカンカブシキガイシャ）

樋口智巳（ひぐち・ともみ）

1960年、福岡県北九州市小倉出身。
小倉昭和館の三代目館主。

2022年8月、83年もの歴史ある建物を焼失。
まちの人たちと、多くの映画人たちに支えられ、
2023年12月に再開する。

映《えい》画《が》館《かん》を再《さい》生《せい》します。

小倉昭和館《こくらしょうわかん》、火災《かさい》から復活《ふっかつ》までの477日《にち》

2023年11月30日　第1刷発行

著　者　樋《ひ》口《ぐち》智《とも》巳《み》

発行者　大松芳男

発行所　株式会社 文藝春秋

〒102-8008　東京都千代田区紀尾井町3-23
電話　03-3265-1211（代表）

印刷所　理想社

製本所　大口製本

組　版　言語社

装　丁　征矢武

定価はカバーに表示してあります。
万一、落丁乱丁の場合は送料当社負担でお取り替え致します。
小社製作部宛お送り下さい。

ISBN978-4-16-391780-1